LEARN FRENCH

Dear Reader and Language Learner!

You're reading the Kindle learner edition of our Bermuda Word pop-up e-books which we sell at learn-to-read-foreign-languages.com. Before you start reading French, please read this explanation of our method.

Since we want you to read French and to learn French, our method consists primarily of word-for-word literal translations, but we add idiomatic English if this helps understanding the sentence. For example for French:
Il y   avait   du   vin
It there had   of the wine
[There was wine]

This method works best if you re-read the text until you know the high frequency words just by reading, and then mark and learn the low frequency words in your reader or practice them with our brilliant App.

Don't forget to take a look at the e-book App with integrated learning software that we offer at learn-to-read-foreign-languages.com! For more info check the last two pages of this e-book!

Thanks for your patience and enjoy the story and learning French!

Kees van den End

LEARN-TO-READ-FOREIGN-LANGUAGES.COM
Copyright © 2006-2016 Bermuda Word

3 Titre & Table des Matières

TABLE DES MATIÈRES
TABLE　　OF THE　CONTENTS
　　　　　(OF)

I - L'Inconnue
I　　　The Unknown
　　　　(The Stranger)

II - Trois Semaines
II　　　Three　Weeks

III - Les Conditions
III　　　The　Conditions

IV - La Lettre Finale
IV　　　The　Letter　Final

V - Triste Exil
V　　　Sad　Exile

VI - Une Fille
VI　　　A　Girl

VII - Une Affaire Meurtrière
VII　　　An　Affair　Deadly

VIII - Confidence
VIII　　　Trust

4   Titre & Table des Matières

IX - Le Malade
IX   The   Sick
            (Patient)

X - La Passion
X   The   Passion

XI - Nouvelle Rencontre
XI   New   Encounter

X - Bonheur
X   Happiness

5 Titre & Table des Matières

6 L'Inconnue

7 L'Inconnue

I - L'Inconnue
The Unknown
(The Stranger)

Minuit sonnait, et tout était en mouvement dans Paris;
Midnight sounded and everything was in movement in Paris

tout s'agitait, tout courait au plaisir; c'était une nuit de
everything moved everything ran to the fun it was a night of

Lundi gras.
Monday fat (Carnival)

Léon de Préval, jeune officier de cavalerie, venait d'entrer
Léon de Préval young officer of (the) cavalry came of to enter [had just entered]

au bal de l'Opéra. Après avoir erré plus d'une heure
at the ball of the Opera. After to have wandered more of an hour (than an)

à travers cette cohue dont les flots agités se pressaient
through this mob of which the waves agitated pressed

et se repoussaient tour à tour, ne connaissant personne,
and pushed back turn at turn not knowing anyone (time) (after) (time)

ne comprenant rien aux phrases insipides que lui
not understanding nothing to the sentences tasteless that him (of the)

adressaient quelques femmes;
addressed some women

8 L'Inconnue

étouffé	de	poussière,	accablé	de	chaleur,	étourdi	du
choked	by	dust	overwhelmed	by	heat	dizzy	of the

glapissement	continuel	de	tous	ces	spectres	couverts	de
yelping	constant	of	all	these	ghosts	covered	of

noir,	il	se	demandait	si	c'était	là	du	plaisir	et	cherchait
black	he	himself	asked	if	this was	there ()	of the ()	pleasure	and	sought

à	gagner	la	porte	pour	se	retirer.
to	win	the	door	to [to go back	himself home	retire]

Dans	ce	moment,	deux	femmes	masquées,	remarquables
In	that	moment	two	women	masked	remarkable

par	les	grâces	de	leur	tournure	et	l'élégance	de	leurs
by	the	graces	of	their	turn (movement)	and	the elegance	of	their

costumes,	descendaient	les	marches	de	la	salle;	un
dresses	descended	the	steps	of	the	room	a

homme	sans	masque	et	de	bonne	mine	leur	donnait	le
man	without	mask	and	of	good	looks	them	gave	the

bras.	Un	murmure	flatteur	s'éleva	autour	d'eux,	et	une
arm	A	whisper	flattering	rose	around	of them	and	a

troupe	de	jeunes	étourdis	se	mit	à	leur	suite	en	leur
band	of	youth	drunken	themselves [set off	set]	at	their	pursuit	while	them

adressant	des	propos	galants.
adressing	of the	proposals	gallant

9 L'Inconnue

Léon	suivit	comme	les	autres:	la	foule	curieuse	accourait
Léon	followed	as		others	the	crowd	curious	ran

et	s'augmentait	à	chaque	pas;	bientôt	quelques	masques
and	itself increased	at	each	step	soon	few	masks

de	caractère,	qui	l'on	suivait	aussi	et	qui	venaient	à
of (with)	character (facial expressions)	who	that one	followed	also	and	who	came [came from]	at

leur	rencontre,	augmentèrent	tellement	le	désordre	qu'une
their	meeting (opposite direction)	augmented	in such a way	the	disorder	that one

des	dames,	celle	qui	paraissait	la	plus	jeune,	se	vit
of the	ladies	the one	who	appeared	the	more	young	herself	saw

tout	à	coup	séparée	de	sa	société.	En	cherchant	avec
all	at	blow (of a)	separated (sudden)	from	her	company	While	searching	with

inquiétude	autour	d'elle	pour	y	trouver	un	protecteur,	ses
concern	around	of her	to	there	find	a	protector	her

yeux	se	portèrent	sur	Léon	qui	l'avait	suivie	avec	intérêt,
eyes	themselves	bore (set)	on	Léon	who	her had	followed	with	interest

et,	saisissant	vivement	son	bras:
and	gripping	lively (firmly)	his	arm

10 L'Inconnue

"Oh! je t'en prie," lui dit-elle d'une voix émue, "tire-moi d'ici et fais que je retrouve mes amis."

"Dispose de moi, beau masque; sois sans crainte, daigne me suivre et te confier à mes soins."

Et la soutenant d'un bras, écartant de l'autre tout ce qui s'opposait à leur passage, il parvint à la conduire dans la salle de la pendule, où, après l'avoir fait asseoir sur une banquette, il voulut courir lui chercher quelques rafraîchissements.

11 L'Inconnue

"Non, reste," lui dit-elle, "je suis bien... En vérité, j'ai honte d'avoir cédé à cette vaine terreur."

"Et moi je la bénis; je lui dois le bonheur d'avoir été choisi par toi pour te protéger."

"Oui, j'avoue que tu m'as rendu service, et j'en suis reconnaissante; j'implore même encore ta protection pour m'aider à retrouver ma société."

"Quoi! tu veux déjà me quitter? Ah! ne fût-ce que par récompense;"

12 L'Inconnue

"tu dois bien m'accorder quelques instants."

"Eh bien, donc, par récompense, causons," reprit-elle avec gaieté.

Ils reprirent leurs places, la conversation s'engagea et se soutint assez longtemps sur un ton spirituel et galant. Enfin l'aimable masque parla de nouveau de rejoindre ses amis.

"Mais," dit Léon, "quels sont donc ces amis? Une mère, une soeur, un mari peut-être?"

13 L'Inconnue

"Un mari! non, Dieu merci."
A husband no God thank

"Tu n'es pas mariée?"
You not are (are) not married

"Je ne le suis plus."
I not it am anymore

"Quoi! déjà veuve? Que je te plains!"
What already widow What I you pity

"Et qui te dit que je sois à plaindre? Tous les maris
And who you said that I am to pity All the husbands

sont-ils donc si bons, tous les hommes si tendres? En
are they then so good all the men so caressing Of it

est-il un qui mérite des regrets?"
is it (there) one who merits of the regrets

"Ah! quel anathème!"
Ah what anathema

14 L'Inconnue

"Heureux, mille fois heureux celui qui fera naître dans
 Happy thousand times happy the one who let be born in

ton coeur des sentiments plus justes et plus doux!"
your heart of the feelings more righteous and more sweet

"Pour un homme! ... que le ciel m'en préserve..."
For a man that the heaven me for it protects

"Quoi! veux-tu désespérer à jamais la foule d'adorateurs
What want you despair up to never the crowd of worshippers
              (forever)

qui, sans doute..."
who without doubt

"Je n'en ai point; j'arrive de l'autre monde, je ne
I not of them have any I arrive from the other world I not

connais personne."
know anyone

"Personne! Ah! beau masque, je m'inscris le premier et
Anyone Ah beautiful mask I myself subscribe the first and

serai toujours le plus dévoué, le plus fidèle..."
will be always the most dedicated the most faithful

15 L'Inconnue

"Fidèle! bon Dieu! je te quitte si tu continues sur ce ton."

"Quoi! la fidélité..."

"La fidélité n'est qu'une chaîne que l'on fait semblant de porter pour l'imposer à un autre. Je suis libre, parfaitement libre, et je veux toujours l'être; ce n'est pas un homme qui me fera manquer à mon serment."

"Et moi je ne suis plus libre, je le sens, et je ne m'en plains pas:"

16 L'Inconnue

"La chaîne sera pour moi seul; tu ne peux m'empêcher
 The chain will be for me alone you not can forbid me

de t'aimer, d'espérer..."
of to love you of to hope

"Hé! non, non, monsieur, je ne veux point qu'on
Hey no   no   sir   I (do) not want at all that one
                                                 (that anyone)

m'aime, je ne veux point qu'on me le dise, et surtout
loves me I (do) not want at all that one me it says and especially

qu'on espère."
that one hopes
(that anyone)

"Mais, cruel masque, masque inconcevable, que voulez-vous
But cruel mask   mask   inconceivable what want you

donc? que faut-il faire pour obtenir au moins votre
then what needs-it to do for to get at the least your
           (is necessary)

pitié?"
pity

"Il faut n'être ni fou, ni trompeur; ne point exagérer ce
It needs not be neither crazy nor misleading not at all to exaggerate what
(One) (to be)

que l'on sent à peine;"
that it one feels barely

17 L'Inconnue

"Ne point croire qu'avec quelques phrases bien romanesques, une douceur bien hypocrite, on amènera une femme raisonnable à changer ses projets; il faut être soumis, discret, patient; attendre que mes idées soient bien fixées, que ma volonté soit décidée... et peut-être alors..."

"Peut-être alors? ... Masque charmant, achève, prononce mon sort... J'obéirai; silence, soumission, patience, je promets tout..."

En parlant ainsi, Léon fixait des regards animés par l'amour et l'espérance sur ce masque importun;

18 L'Inconnue

à travers lequel deux grands yeux noirs, doux et brillants, semblaient l'examiner avec une attention calme et réfléchie. Sans prendre garde au ton passionné avec lequel il venait de s'exprimer, elle reprit d'un air préoccupé:

"Ce ruban, marque de la valeur, annonce que tu es au service, sans doute?"

Léon, confondu de cette tranquillité, ne put répondre que par un signe de tête affirmatif.

19 L'Inconnue

"Quel régiment?"

"Je suis capitaine au 6e de cavalerie," répondit-il avec un peu d'humeur.

"Tu es en congé, peut-être? Ta famille est de cette ville?"

"Non, ma famille, honnête, respectée, mais peu riche, habite une province éloignée. Venu ici, avec mon régiment, comme toi, trop aimable masque, je suis depuis peu dans la capitale;"

20 L'Inconnue

"Comme toi, je n'y connais personne; comme toi, libre,
Like you I not there know anyone like you free

sans lien, sans attachement, le hasard m'a amené dans
without link without attachment the chance me has led in

ce lieu pour y perdre mon coeur, ma liberté, mon
this place for there to lose my heart my freedom my

repos..."
rest

"Et pour y trouver, n'est-ce pas, une cruelle, une
And for there to find not is this not a cruel person an
              (is) (it)

ingrate? ... Ce sont là les grand mots d'usage. Eh bien,
ungrateful person These are there the large words of usage Eh well
                                    [usual words]

moi, plus juste envers ce hasard, quelquefois si
me more correct towards this chance sometimes so

obligeant, je commence à croire qu'il m'a bien servie en
obliging I begin to believe that it me has well served by

nous rapprochant, et que je lui devrai le seul bien qui
us bringing closer and that I him will owe the only good that

manquait à ma vie."
missed to my life
       (in)

21 L'Inconnue

"Adorable inconnue, que ne puis-je tomber à vos pieds, y jurer que Léon de Préval, reconnaissant et soumis, fera tout pour mériter un si doux aveu!"

"Un aveu!" dit-elle. "Ah! j'ai fait un aveu... Mais voyez donc la présomption de ces hommes!"

"Comment ne pas se flatter un peu de ce qu'on souhaite avec tant de passion? ... Mais, à mon tour, ne pourrai-je donc connaître cet être séduisant qui se plaît à me lutiner? Ne pourrai-je soulever ce masque jaloux qui me dérobe des traits... ?"

22 L'Inconnue

"Qui peut-être sont assez bien."
Who maybe are enough well
(Which)

"Ah! qu'un instant seulement je puisse les contempler, y lire..."
Ah but an instant only I can them contemplate there read

"Ne peux-tu lire dans mes yeux?"
Not can you read in my eyes

"Ils sont enchanteurs, mais s'il s'y joignait un doux sourire..."
They are enchanting but if it itself there joined a sweet smile
(if there itself)

Elle se leva et, d'un ton plus sérieux et plus froid:
She herself rose and of a tone more serious and more cold
[stood up] (with a)

"Non," dit-elle, "jamais tu ne me verras, jamais tu ne pourras me connaître, ni rien savoir de ce qui me regarde."
No said she never you not me will see never you not can me know nor nothing know of this that me pertains

23 L'Inconnue

Léon s'arrêta, stupéfait:

"Vit-on jamais un plus inconcevable caprice? Il est inutile, madame, que je vous importune plus longtemps. Vous désirez, je le vois, rejoindre votre société... il faut la chercher..."

Elle l'interrompit sans faire attention à sa colère:

"Léon de Préval, c'est ton nom, n'est-ce pas?" dit-elle d'un ton rêveur.

24 L'Inconnue

"Capitaine au 6e de cavalerie? Es-tu pour quelque temps encore dans cette ville?"

"Hé! que vous importe, cruelle, puisque vous ne voulez plus me revoir, puisque..."

"Mais où donc as-tu pris que je ne veux plus te revoir? Qu'il faut peu de chose pour troubler le jugement de ces sages du monde! ... Je veux si bien te revoir que..."

"Eh! mon Dieu, ma chère, qu'êtes-vous donc devenue?" s'écria derrière eux une voix de femme;

25 L'Inconnue

"Il y a deux heures que nous vous cherchons."

C'était la compagne du joli masque avec leur cavalier. On se rejoint, on se raconte en peu de mots les évènements de la soirée.

"Je suis excédée de fatigue et d'ennui," dit la dame qui arrivait, "et je vous demande en grâce de nous retirer."

"Très volontiers; je n'ai, je crois, plus rien à faire ici!"

26 L'Inconnue

"Quoi!	si	tôt!"	s'écria	Léon;	"du	moins,	vous	me
What	so	early	exclaimed	Léon	of the (at)	least	you	me

permettez	de	vous	accompagner	jusqu'à	votre	voiture?"
allow	of	you	to accompany	to	your	coach

Elle	accepta	son	bras	et	l'on	suivit	l'autre	couple.
She	accepted	his	arm	and	it they (they)	followed	the other	couple

"Ah!	de	grâce,"	continua	Léon;	"reprenons	cette	phrase
Ah	of [please]	grace	continued	Léon	resume	this	sentence

charmante	si	malheureusement	interrompue;	il	était	question
charming	if	unfortunately	interrupted	it (there)	was	question

de	nous	revoir:	quand?	où?	comment? ...	Songez	que
of	us	see again	when	where	how	Consider	that

dans	un	moment	j'aurai	tout	perdu,	hors	le	souvenir;
in	a	moment	I will have	all	lost	outside of	the	memory

n'y joindrez-vous	pas	un	peu	d'espérance? ..."
not there will join you (won't you add)	not ()	a	bit	of hope

27 L'Inconnue

"Monsieur veut donc bien oublier cette grande colère? ..."

"Trêve de malice, par pitié... Vous allez m'échapper... Comment pourrai-je... ?"

"Mais il serait possible que je revinsse au bal de la mi-carême..."

"Trois semaines, grands dieux, ce sont trois siècles."

"Oui! trois semaines! ou jamais."

28   L'Inconnue

"Je serai mort, d'ici là, d'impatience et d'ennui."
 I will be dead from here (to) there of impatience and boredom

"Cela dérangerait fort mes projects! ..."
 That would bring in disorder strongly my projects

"Vos projects? ..."
 Your projects

On était à la porte; une voiture, dont la nuit ne
 One (They) was (were) at the door a coach of which the night not

permettait de distinguer ni la couleur, ni l'écusson, venait
 allowed of to distinguish neither the color nor the crest came

d'avancer; un servant tenait la portière ouverte.
 of to advance (forward) a servant kept the door open

"Puis-je espérer, au moins," reprit Léon, "que vous
 Then I hope at the least continued Léon that you

plaindrez mes tourments?"
 pity my torments

29 L'Inconnue

"Mais je crois que je vais m'occuper beaucoup de toi..."
But I think that I go take care myself (a) lot of you

En achevant cette phrase, elle montait légèrement dans
In ending this sentence she climbed lightly into

le carrosse, et les chevaux partirent comme l'éclair.
the coach and the horses left as the lightning

Léon suivit des yeux cette voiture qui lui enlevait sa
Léon followed of the (with the) eyes this coach which (of) him took away his

nouvelle conquête, et, sans vouloir retourner au bal, il
new conquest and without to want (wanting) to return to the ball he

rentra chez lui la tête troublée, le coeur ému, rêvant à
returned with (to) himself the head troubled the heart moved dreaming at (of)

son aventure et se reprochant de ne pas s'être réservé
his adventure and himself reproaching of not to have (having) reserved

plus de moyens de la continuer.
more of means of her (it) to continue

30 L'Inconnue

"Mais quelle est donc," se disait-il, "cette femme
But what is then himself said he this woman

séduisante et bizarre? Son maintien noble, décent, la
attractive and weird Her upkeep noble decent the

fierté, l'autorité même de ses manières éloignent toute
pride the authority even of her ways moved away all

idée que ce puisse être une courtisane..."
idea that this could be a courtesan

"Mais que veut-elle? Pourquoi faire naître et éteindre tour
But what wants she Why make be born and turn off turn (time)

à tour mes espérances? Elle a des projects, elle
at turn my expectations She has of the projects she
(time)

s'informe des détails de mon existence; ma rencontre
inquires of the details of my existence my meeting

peut devenir un bonheur pour elle... et je ne la
can become a happiness for her and I not her

reverrai jamais, je ne dois jamais la connaître! ...
see again never I not must never her to know
(ever) (am allowed) (ever)

Peut-être elle n'a voulu que se jouer de moi..."
Maybe she not has wanted (more) than herself to play of me
(with)

31 L'Inconnue

"Ah! si je le croyais, comme je saurais me venger! ....
Et sur qui? comment? Elle peut ne pas revenir à ce bal; j'ai peut-être perdu pour jamais sa trace..."

"C'est dommage, car elle est charmante, j'en suis certain... Quelle mollesse voluptueuse dans cette taille élégante et souple! Que ses yeux sont beaux, sa voix touchante! Que d'esprit, de grâce dans ses discours! ... Ces trois semaines vont être éternelles... Il faut les employer à la chercher, à la trouver... Ah! tâchons bien plutôt de trouver le sommeil! ..."

32 L'Inconnue

Et Léon ne put dormir; il se leva de bonne heure
And Léon not could sleep he rose of good time

pour commencer ses recherches.
to start his researches (research)

33 L'Inconnue

34 Trois Semaines

II - Trois Semaines
II — Three Weeks

La première semaine se passa tout entière à parcourir
The first week itself passed totally whole to run through

sans relâche les rues, les boutiques, les spectacles, les
without break the streets the shops the shows the

glaciers, suivant toutes les femmes dont la tournure lui
icecream stores following all the women of which the turn (movement) him

rappelait celle de son inconnue, faisant mille quiproquos,
reminded that of his unknown making thousand misunderstandings

presque des impertinences, sans autre fruit que de se
almost of the impertinences without another fruit than of himself

convaincre de l'inutilité de ses efforts. Déjà découragé
to convince of the uselessness of his efforts Already discouraged

dès la seconde semaine, il commençait dans la troisième
from the second week he began in the third

à se demander s'il devait encore aller servir de jouet
to himself ask if he had to still go serve of (as) toy

à une coquette qui peut-être même se déroberait à ses
to a flirt who maybe even herself would slip away to his

regards pour jouir de son embarras, lorsqu'un billet
looks for to enjoy from his embarrassment when a note

contenant ce peu de mots fut mis à sa porte:
containing this bit of words was set at his door

36 Trois Semaines

"M.	de	Préval	se	souviendra	sans	doute	qu'on	l'attend
Mr.	de	Préval	himself	remembers	without	doubt	that one	him awaits

jeudi	au	bal	de	l'Opéra,	à	une	heure,	sous	la	pendule."
Thursday	at the	ball	of the	opera	at	one	hour	under	the	clock

Toutes	ses	espérances	se	ranimèrent	en	lisant	ce	billet;
All	his	expectations		revived	in (when)	reading	this	note

Au	jour	indiqué,	minuit	sonnait	à peine	à	cette	pendule
At the	day	indicated	midnight	sounded	just	at	this	clock

que	Léon	était	assis	au-dessous	dans	toute	l'agitation
that	Léon	was	seated		in	all	the agitation

d'une	tendre	impatience	et	d'une	vive	curiosité.
of a	soft	impatience	and	of a	lively	curiosity

37 Trois Semaines

Une grande heure s'était écoulée ainsi, lorsque l'aimable
A large hour itself was elapsed like that when the lovable
 (long) (had)

domino blanc passa légèrement, fit un petit signe et,
domino white passed lightly made a small sign and

ralentissant sa marche pour laisser éloigner ceux qui
slowing her walk to let move away those who

l'accompagnaient, appuya sur le bras de Léon, qui venait
her accompanied leaned on the arm of Léon who came

la rejoindre, un bras arrondi qu'il serra tendrement.
her join an arm rounded that he gripped tenderly

Charmé de la revoir, plein d'espoir et de bonheur, il
Charmed of her to see full of hope and of happiness he

peignit éloquemment tout ce qu'il avait souffert, ses
painted eloquently all this that he had suffered his
(described)

vaines recherches, ses craintes, son impatience; elle
vain researches his fears his impatience she

l'écoutait tranquillement; elle l'interrompit bientôt.
him listened to quietly she him interrupted soon

38 Trois Semaines

"J'ai donc été plus heureuse que toi," elle lui dit, "car
j'ai appris tout ce qu'il m'importait de savoir sur ton compte."

"Sur moi!"

"Oui; tu m'avais dit l'exacte vérité, et je sais de plus que tu as su mériter l'amitié de tes compagnons d'armes et l'estime de tes chefs. Enfin tu es capable," elle dit, "d'être honnête homme, même avec une femme, et de tenir religieusement la parole qu'elle exigerait de toi."

39 Trois Semaines

"Ce ne serait que mon devoir; mais parlons de mon
 This not would be but my duty but speak of my
                                    (let's speak)

bonheur... Quoi! tu t'es occupée de moi? Tu daignes
 happiness What you yourself is occupied of me You deign
                      (have)

prendre assez d'intérêt à mon sort pour avoir souhaité
 take enough of interest to my fate for to have desired

que je fusse digne de ton estime, pour t'informer..."
 that I was worthy to your respect for yourself inform

"Oui, sans doute, cela était nécessaire à mes projects."
 Yes without doubt that was necessary to my projects

"Ah! ces projects, je les saurai, j'espère... Aimable
 Ah these projects I them will know I hope Lovable
                         (will get to know)

masque, achève; bannis toute défiance avec l'heureux
 mask finish ban all distrust with the happiness

mortel dont le coeur, déjà tout plein de toi, n'attend
 mortal of which the heart already all full of you not await

qu'un mot pour se donner à jamais."
 but a word for itself to give to never
                          (for) (ever)

40 Trois Semaines

"J'en serais bien fâchée," reprit-elle vivement.
I of it (I) / would be / well / mad / went on she / lively

Léon se tut quelques instants.
Léon / went silent / a few / moments

"Ah!" reprit-il enfin, "cesse ce jeu cruel. Pourquoi me
Ah / went on he / finally / stop / this / game / cruel / Why / me

tourmenter par ces alternatives de bonté et de rigueur?
torment / by / these / alternatives / of / kindness / and / of / rigor

C'est aujourd'hui le dernier bal, ne crois plus m'échapper:
It is / today / the / last / ball / not / think / more (anymore of) / me escape (escaping me)

je m'attache à tes pas et te suivrai sans relâche
I / myself bind / to / your / steps / and / you / will follow / without / break

jusqu'à ce que j'obtienne l'assurance de te revoir, de
until / this / that / I get / the assurance / of / you / to see again / of

mettre à tes pieds mes voeux et mon coeur, de
to put / to / your / feet / my / wishes / and / my / heart / of

connaître ces aimables projets."
to know / these / lovable / projects

41 Trois Semaines

"Oh! non, non, non, il faut auparavant que je m'assure
de ta docilité, de ta prudence; j'ai des conditions à
prescrire et ta parole d'honneur, scellée de ta signature,
doit me répondre de leur exécution."

"Ma parole d'honneur! ma signature!" reprit Léon, assez
étonné des précautions réfléchies, du ton solennel que
l'on mettait à un traité fait au bal de l'Opéra.

Il regarda sa compagne; son maintien était embarrassé,
rêveur;

42 Trois Semaines

Une	agitation	visible	soulevait	son	sein,	il	croyait	presque
An	agitation	visible	raised	her	breast	he	thought	almost

la	voir	rougir	sous	le	masque.	Elle	l'observait	de	son
her	to see	blush	under	the	mask	She	him watched	of	her

côté,	d'un	air	incertain	et	préoccupé.
side	of a (with a)	look	uncertain	and	worried

Léon,	persuadé	qu'il	devait	la	décider	en	devenant	plus
Léon	convinced	that he	must (had to)	her	decide (make decide)	in	becoming	more

pressant,	reprit	avec	feu:
pressing	continued	with	fire (passion)

"Être	charmant,	mais	inexplicable!	Eh	bien,	oui,	je
Being	lovely	but	inexplicable	Eh	well	yes	I

souscris	à	tout,	je	renouvelle	le	serment,	que	je	fis
agree	to	everything	I	renew	the	oath	that	I	made

dès	le	premier	bal,	d'être	soumis,	docile,	discret;
from	the	first	ball	to be	submitted	docile	discrete

j'accepte	d'avance	les	conditions	que	tu	m'imposeras;"
I accept	of advance (in advance)	the	conditions	that	you	will put me to

43 Trois Semaines

"Pourvu que j'obtienne en retour l'espoir enivrant de
provided that I get in return the hope heady of

revoir, de posséder celle..."
to see of possess that

"Il le faudra bien," reprit-elle avec distraction et
It it will do well went on she with distraction and
(That)

paraissant plutôt répondre à sa pensée qu'à tout ce
appearing rather answer to her thinking than to all this

qu'il venait de lui adresser.
that he came of her to say to

Mais Léon ne prit garde qu'aux paroles qui achevèrent
But Léon not took attention than to the words which achieved
(paid) (except to the)

de l'exalter.
of him to exalt
(to exalt him)

"Ah! je suis trop heureux," s'écria-t-il; "venez, adorable
Ah I am too happy exclaimed he come lovely

inconnue; mettez le comble à mon bonheur en me
unknown put the peak to my happiness by me

suivant hors de cette foule importune;"
following out of this crowd unwelcome

44 Trois Semaines

"Souffrez que je puisse faire tomber enfin ce masque
odieux, recevoir vos ordres, et répéter avec plus de
liberté les serments et les voeux de l'Amour."

En parlant ainsi, il l'entraînait doucement; mais elle
s'arrêta tout à coup, retira son bras en reprenant toute
la fierté qui semblait lui être naturelle, et d'un ton
calme et froid:

"Vous vous abusez étrangement, monsieur de Préval," lui
dit-elle;

45 Trois Semaines

"Vos transports indiscrets, vos vaines protestations m'offensent et me blessent. Je ne suis point, croyez-moi, ce que vous osez supposer, et j'ai droit à attendre de vous plus de ménagements, de prudence et d'égards. Je veux bien cependant pardonner cette erreur, à laquelle j'avoue que la singularité de ma conduite a pu donner lieu; mais il faut vous soumettre à tout ce que j'exigerai: demain vous aurez de mes nouvelles vous saurez mes conditions; jusque-là, patience et résignation."

A ces mots, elle se jeta dans la foule pour lui échapper; mais il la suivit précipitamment.

46 Trois Semaines

"Non, je ne vous laisse point," s'écria-t-il; "vous ne me quitterez pas ainsi, cruelle; vous enflammez mon coeur, vous exaltez mon imagination, et c'est pour m'abandonner..."

"Conduisez-moi jusqu'à ma voiture," lui dit-elle, avec une sorte d'autorité.

Il saisit cette main qu'elle lui offrait et recommença vivement ses plaintes et ses prières, sans obtenir aucune réponse.

47 Trois Semaines

Le fidèle servant était à la porte; l'inconnue se précipita
The trustful servant was at the door the unknown herself dashed

dans sa voiture en disant à Léon:
into her coach while saying to Léon

"A demain, comptez sur ma promesse."
Until tomorrow count on my promise

"Souffrez au moins que je vous accompagne," s'écria-t-il,
Suffer at the least that I you accompany exclaimed he

prêt à monter sur le marchepied...
ready to climb on the footstep

"Fermez et marchons," dit-elle avec force.
Close and let's go said she with force

48 Trois Semaines

Son ordre fut ausitôt exécuté, et Léon vit encore disparaître ses espérances avec celle qui en était l'objet.

49 Trois Semaines

50 Les Conditions

III - Les Conditions

On peut juger avec quelle impatience Léon attendit le lendemain. Combien de fois il rentra chez lui dans l'espoir d'y trouver une lettre! Quelle fut sa joie lorsqu'on la lui remit! Mais avec quel étonnement il lut ce qui suit:

"M. de Préval paraissait hier désirer vivement de revoir la dame au domino blanc avec laquelle il s'est entretenu au bal de l'Opéra; il promettait de se soumettre à tout ce qu'on exigerait de lui pour cela."

52 Les Conditions

"Voici les conditions auxquelles il peut espérer obtenir ce
Here the conditions at the which (by which) he can hope to obtain this

qu'il demandait avec tant d'instances:
that he asked with such of insistances (insistance)

1. M. de Préval se trouvera chez lui demain à minuit:
1 Mr. de Préval himself will find (will be located) at himself tomorrow (his home) at midnight

un homme de confiance qu'il a déjà vu viendra le
a man of confidence that he has already seen will come him

prendre dans une voiture de place qui le conduira à
take in a vehicle [a taxi] of place which him will lead to

sa destination; mais il faudra que M. de Préval
his destination but it will be necessary that Mr. de Préval

consente à ce qu'on lui bande les yeux.
consents to this that they him blindfold the eyes

2. Il ne fera aucune question à son guide et
2 He not will make any question to his guide and

n'essayera pas de le gagner (ce qui d'ailleurs serait
not will try not () of (to) him win this which of otherwise (in any case) would be

inutile);
useless

53 Les Conditions

Mais il se laissera conduire avec docilité.
But he himself lets drive with docility

3. Il doit s'engager expressément à ne faire aucun bruit,
3 He must commit specifically to not make any noise

aucun esclandre, à ne point réclamer contre l'obscurité, à
no scandal to not at all rail against the dark to

ne point exiger de la personne avec laquelle il se
not at all require of the person with which he himself

trouvera de rompre le silence auquel elle est décidée.
will find of to break the silence to which she is determined

4. Enfin, lorsque son conducteur viendra le reprendre, il
4 Finally when his driver will come him take again he

se laissera ramener à sa voiture, et de là chez lui
himself shall let bring to his vehicle and from there to him [to his own place]

avec les mêmes précautions, et, sans faire de vaines
with the same precautions and without to make of vain

perquisitions pour découvrir ce qu'on veut lui faire,
tries for to discover this that one wants him do

54 Les Conditions

Il *attendra* *patiemment* *les* *éclaircissements* *qu'on* *promet*
He awaits patiently the clarifications that one promises

sous *serment* *de* *lui* *donner.*
under oath of him to give

5. *Si* *M.* *de* *Préval* *consent* *à* *ces* *conditions,* *il* *écrira*
5 If Mr. de Préval consents to these conditions he will write

au **bas** **de** **ce** **papier** **qu'il** **accepte,** **signera** **cette**
at the bottom of this paper that he accepts will sign this

acceptation **et** **remettra** **le** **paquet** **sous** **enveloppe** **à** **sa**
acceptance and will deliver the package under envelope to his

porte **où** **l'on** **viendra** **le** **reprendre."**
door where him they will come it take again

Après **avoir** **lu** **ce** **singulier** **écrit,** **Léon,** **frappé**
After to have read this strange writing Léon struck
(having)

d'étonnement, **resta** **longtemps** **immobile,** **livré** **à** **une** **foule**
of astonishment remained long immobile delivered to a multitude

de **réflexions,** **agité** **de** **mille** **sentiments** **divers.**
of reflections agitated of (a) thousand feelings diverse

55 Les Conditions

Comment concilier les précautions solennelles de ce bizarre traité avec les éclaircissements qu'on lui promettait? Comment accorder avec cette démarche le ton noble, décent et froid de son inconnue?

Il se répétait qu'il y aurait autant de folie que d'imprudence à signer une telle proposition, à risquer une aventure si peu vraisemblable... Et cependant l'image gracieuse du joli masque était devant ses yeux, les conversations animées du bal se retraçaient à sa mémoire;

56 Les Conditions

Et le contraste de tant de fierté, de tant de faiblesse,
la singularité piquante de sa situation, la curiosité
vivement excitée, l'amour-propre mis en jeu, tout devenait
pour lui une séduction irrésistible. Il pensa même un
moment qu'il pouvait y avoir du danger à se laisser
conduire ainsi par un inconnu dans un lieu ignoré, lié
par sa parole, livré à tous les hasards... Mais ce
danger était un attrait de plus.
"Non," s'écria-t-il, "je ne reculerai point; on peut bien
risquer une folie pour cette récompense charmante qui
m'est offerte!"

57 Les Conditions

Et saisissant une plume, le sage Caton écrivit comme un étourdi:

"J'accepte toutes les conditions que l'on m'impose, et m'engage sur ma parole d'honneur à les remplir scrupuleusement. Je demande seulement la permission de porter mon épée."

"Léon de Préval."

Le paquet fut pris dans la soirée, et le lendemain matin il reçut un nouveau billet contenant ce peu de mots: "L'épée est accordée;"

58 Les Conditions

"Mais M. de Préval n'a rien à redouter pour son
But Mr. de Préval not has anything to fear for his

honneur et sa sûreté."
honor and his safety

Jamais journée n'avait été si longue.
Never (a) day not had been so long
             (had)   (this)

Depuis deux heures, Léon, tout habillé, se promenait à
Since two hours Léon all dressed himself walked at

grands pas dans sa chambre, lorsque le bruit d'une
large steps in his room when the noise of a

voiture qui s'arrêtait enfin à sa porte lui causa une
car which halted finally at his door him caused a

vive émotion. Il saisit son épée, descend rapidement
lively emotion He gripped his sword descended quickly
[great excitement]

l'escalier et trouve le servant qui ne l'eut pas plus tôt
the stairs and found the servant who not him had not more soon
                                              ()

fait monter en voiture que, dans son mauvais patois, il
made climb in (the) coach that in his poor dialect he
                              (when)

le pria respectueusement de se laisser bander les yeux.
him asked respectfully of himself to let blindfold the eyes

59 Les Conditions

Léon ne s'y opposa pas.
Léon / not / himself there opposed / not
(did not) / (resist) / ()

La voiture, après avoir roulé quelque temps, s'arrêta par
The / coach / after / to have / rolled / some / time / stopped / by

l'ordre du servant. Celui-ci aida Léon à descendre, fit
the order / of the / servant / This one / helped / Léon / to / descend / made

avec lui une centaine de pas dans la rue.
with / him / a / hundred / of / steps / in / the / street

Bientôt ils entrent dans une maison où, après avoir
Soon / they / entered / in / a / house / where / after / to have

monté quelques marches, Léon s'aperçoit qu'il traversait
mounted / some / steps / Léon / perceived / that he / crossed

des appartements assez vastes, au bout desquels il
of the / apartments / quite / large / at the / end / of which / he

entra dans une chambre parfumée des plus douces
entered / in / a / room / perfumed / of the / most / sweet

odeurs.
scents

60 Les Conditions

En même temps, son bandeau fut détaché, et Léon,
In (the) same time his blindfold was taken off and Léon
(At)

portant de toutes parts ses regards curieux, se trouva
bearing of all parts his looks curious himself found
(directing) (to)

dans une pièce obscure, au bout de laquelle une port
in a room dark at the end of which a door

ouverte laissait distinguer un élégant boudoir faiblement
open let distinguish an elegant boudoir weakly

éclairé par une lampe d'albâtre.
lit by a lamp of alabaster

Le servant, debout près de lui, sa lanterne sourde
The servant standing close of him his lantern dark

d'une main, de l'autre lui montra le boudoir, et,
of one hand of the other him showed the boudoir and
(in one) (with)

prononçant à voix basse: "Honneur et silence!" il disparut
pronouncing at voice low Honor and silence he disappeared

aussitôt.
immediately

Léon pose son épée, s'approche précipitamment...
Léon put his sword approached hurriedly
(put away)

61 Les Conditions

Une	femme...	Son	inconnue	elle-même,	dans	un	simple
A	woman	His	unknown	she herself	in	a	simple

négligé,	la	tête	couverte	d'un	voile,	était	à	demi
nightgown	her	head	covered	of a	veil	was	at ()	half

couchée	sur	un	sopha.
lying	on	a	sofa

Léon	se	précipite	à	ses	pieds.
Léon	himself	rushed	at	her	feet

"Que	je	suis	heureux!"	s'écrie-t-il;	"mais	quoi?	toujours
What (How)	I	am	happy	exclaimed he	but	what	always

me	dérober	vos	traits...	De	grâce,	plus	de	mystère!	plus
me	steal from	your	traits	Of (Have)	mercy	more	of	mystery	more

de	voile! ..."
of	veil

En	même	temps,	il	y	porte	une	main	impatiente	qu'on
In	same	time	he	there	carried	a	hand	impatient	that one (that she)

ne	cherche	point	à	arrêter...
not	tried	at all	to	stop

62 Les Conditions

Mais	tout	à	coup	la	lampe	s'éteint.		
But	all	at	strike (once)	the	lamp	itself extinguished (turned off)		

Nous	ne	porterons	pas	une	lumière	indiscrète	au	milieu
We	not	will carry	not ()	a	light	indiscreet	into the	middle

de	ces	ténèbres	qu'il	respecta.	Nous	n'enfreindrons	pas
of	these	darknesses (shadows)	that he	respected	We	not shall infringe upon	not ()

ce	silence	tant	recommandé;	nous	dirons	seulement	que
this	silence	so much	recommanded	we	will say	only	that

son	bonheur	dépassa	ses	espérances	et	ne	lui	laissa
his	happiness	passed	his	expectations	and	not	him	left

pas	même	le	désir	de	manquer	à	ses	promesses.
not	even	the	desire	to	miss (break)	to ()	his	promises (promise)

Le	temps	s'écoulait	avec	rapidité	et	la	nuit	était	déjà
The	time	flowed	with	speed	and	the	night	was	already

avancée	lorsqu'un	bruit	léger	se	fit	entendre	dans
advanced	when a	noise	light	itself	made	hear	in

l'appartement;	une	port	secrète	s'ouvrit,	l'inconnue	disparut
the apartment	a	door	secret	itself opened (was opened)	the unknown	disappeared

et	Léon	se	trouva	seul.
and	Léon	himself	found	alone

63 Les Conditions

Aussitôt le servant parut, et, d'un ton respectueux, le
Immediately the servant appeared and of a tone friendly him
(on a) (tone of voice)

pria et de reprendre son bandeau et de le suivre.
asked and to retake his blindfold and of him to follow
(both)

"Non," répondit-il avec dépit, "je ne sortirai pas d'ici que
No replied he with spite I not wil go out not from here than
() (before)

je n'aie vu cet être adorable... que je n'aie obtenu..."
I not have seen this being adorable that I not have obtained
(have)

Une voix de femme l'interrompit en prononçant tout près
A voice of woman him interrupted in pronouncing all close
(very)

de lui: "Honneur et silence! ..."
of him Honor and silence

Léon se précipite du côté d'où elle partait et ne trouve
Léon himself rushed of the side from where she left and not found
(to the)

que la muraille;
(anything) but the wall

64 Les Conditions

Il tâtonne, rencontre une petite porte bien fermée
He groped encountered a small door well closed

à travers laquelle il entrevoit une lumière qui s'éloigne et
through which he saw a light which itself moved away and

disparaît.
disappeared

"Cruelle," dit-il sans oser élever la voix; "arrêtez un
Cruel person said he without daring raise the voice stop (for) a

moment... un seul mot..."
moment one only word
         (single)

"Honneur et silence!" dit le servant d'un ton plus ferme.
Honor and silence said the servant of a tone more firm
                                    (in a)

"Oui," reprit tristement Léon; "l'honneur m'enchaîne, j'ai
Yes continued sadly Léon the honor binds me I have

promis... je me soumets...
promised I myself submit

65 Les Conditions

J'espère au moins que l'on tiendra, avec la fidélité dont
I hope   at the least that it they will keep with the fidelity of which
(they)

je donne l'exemple, la promesse que l'on m'a faite.
I give the example the promise that it one me has made

Le bandeau fut remis, Léon suivit son guide et monta
The band was given Léon followed his guide and climbed

dans sa voiture; il se retrouva bientôt chez lui, où,
in his coach he himself found soon at his where
(own place)

livré tour à tour à des souvenirs délicieux, à de vifs
delivered turn on turn to of the memories delicious to of lively
(time) (after) (time) (the) ()

regrets, heureux, inquiet, follement épris, il se demanda
regrets happy worried wildly enamored he himself demanded

si tout cela n'etait qu'un songe, et s'endormit enfin pour
if all that not was but a dream and fell asleep finally for

le continuer.
it to continue

66　La Lettre Finale

IV - La Lettre Finale

Mais qui pourrait peindre ses inquiétudes, ses tourments, lorsque plusieurs jours, puis une semaine, puis deux, puis trois, s'écoulèrent sans recevoir aucunes nouvelles de son inconnue, sans qu'elle daignât s'occuper au moins de calmer son impatience. Toutes ces réflexions étaient pénibles.

"Eh quoi!" disait-il, "n'aurait-on invoqué ma loyauté, mon honneur, que pour satisfaire le caprice éphémère d'une femme sans principes et sans moeurs?"

68 La Lettre Finale

"Mais non, je suis injuste, ingrat... J'ai senti les battements de son coeur que précipitait la crainte... o ma charmante maîtresse! pourquoi te dérober à mes transports? Pourquoi m'élever au comble du bonheur pour m'en précipiter aussitôt? Le souvenir de ces moments délicieux qui remplit et bouleverse mon âme n'a-t-il donc aucun pouvoir sur la tienne?"

Léon fut interrompu dans cette apostrophe à sa belle mystérieuse par une lettre qu'on lui remit, et qui semblait arriver précisément pour y répondre.

69 La Lettre Finale

Il reconnut la main qui avait tracé les conditions, l'ouvrit
He recognized the hand which had traced the conditions it opened

en tremblant de plaisir et lut ce qui suit:
while trembling of pleasure and read this which follows

"Que d'illusions je vais détruire! Quel aimable espoir va
What of illusions I go destroy What friendly hope goes
(will go and)

s'éteindre! Quel prestige s'évanouir!"
to be extinguished What pride to go up in air

"Vous croyez avoir vaincu, et c'est vous de qui l'on
You believe to have conquered and it is you of who it one
(one)

dispose; votre amour-propre a dû se flatter d'exercer sur
disposes your love of yourself has must itself flatter of to exercise on
(disposes of)

une faible femme un pouvoir irrésistible, et c'est à sa
a weak female a power irresistible and it is to her

seule volonté que vous obéissez;"
sole will that you obey

70 La Lettre Finale

"Enfin vous attendez avec impatience sans doute le moment de la voir, de la connaître, d'assurer votre empire par de nouveaux transports de votre part, de nouvelles faiblesses de la sienne... et ce moment n'arrivera jamais; tout est fini entre elle et vous."

"Cependant la loyauté, la délicatesse de votre conduite méritaient quelque reconnaissance de ma part; je ne puis mieux vous la témoigner qu'en vous confiant ces projets que votre curiosité souhaitait si vivement de connaître, qu'en vous apprenant les motifs d'une conduite qui paraît bizarre, imprudente même;"

71 La Lettre Finale

"Mais dont, grâce à vous, je n'aurai pas, je crois, à me repentir."
But of which thanks to you I not shall have not () I think to myself repent

"Une union disproportionnée dans laquelle je n'ai trouvé
A union disproportionate in which I not have found

que malheur, humiliation, injustice et violence m'a laissé
(anything) than woe humiliation injustice and violence me has left

une aversion invincible pour ce lien funeste qui, pesant
a dislike invincible for this link fatal which weighing

tout entier sur le plus faible, soutient la force et
all whole on the more weak supports the force and

sanctionne l'injustice. Me trouvant à vingt-cinq ans libre,
sanctions the injustice Me finding at twentyfive years free

riche, parfaitement maîtresse de moi-même, je fis serment
rich perfectly mistress of myself I made oath

de l'être toujours, mais je sentis bientôt que j'achetais
of it to be always (to be master of myself) but I felt soon that I bought

mon indépendance par le sacrifice des plus doux
my independence by the sacrifice of the more soft (sweet)

sentiments de la nature;"
feelings of the nature

72 La Lettre Finale

"Je regardais autour de moi sans y trouver un seul être qui eût besoin de mes soins, de ma tendresse, qui pût m'aimer et me le dire."

"Le regret de n'avoir point été mère m'occupait sans cesse, et s'accrut au point de devenir un véritable chagrin. Née sous un ciel ardent, ma tête est vive, mon âme sent avec chaleur..."

"Que dirai-je enfin? Je formai le singulier dessein de jouir au moins du bonheur de la maternité sans m'imposer une chaîne que je déteste..."

73 La Lettre Finale

"Ne croyez cependant pas que je sois un esprit fort, que je traite de préjugés les lois utiles de la société; non, je les respecte, et si cette seule fois je m'y soustrais, ce n'est qu'une fois, et des circonstances particulières me donnent les moyens de sauver au moins ma réputation et les convenances."

"Ce project, d'abord timidement conçu, m'occupa toujours davantage, je le méditai; j'avoue même que peut-être ce qu'il présentait de romanesque lui donnait un nouveau charme à mes yeux... Il devint une passion."

74 La Lettre Finale

"Vous savez comment j'ai pu l'exécuter et vous devoir
You know how I have been able to execute it and you owe

l'espérance du seul bonheur qui manquait à ma vie.
the hope of the only happiness which missed to (in) my life

J'avais décidé d'abord de vous laisser tout ignorer, tout
I had decided from start (from the start) of you let all not know all

oublier; je suis revenue depuis à penser que je vous
forget I am come back since to think that I you

devais bien quelques éclaircissements. D'ailleurs, si mes
owed well some clarifications Of otherwise (Anyway) if my

voeux sont comblés, je puis mourir avant que l'objet de
wishes are peaked (fulfilled) I can (may) die before that the object of

tous mes soins soit en état de se suffire; je lui
*all my cares is in state of itself suffice I it
[can take care of itself]*

laisserai toute ma fortune, mais je ne crois pas devoir
leave all my fortune but I not think not must

le priver de son protecteur naturel."
it deny of its protector natural

75 La Lettre Finale

"Comptez donc que partout où vous appellera votre devoir, vous recevrez, quand il en sera temps, un anneau coupé dans son épaisseur, sur lequel sera gravée la date de la naissance: le chaton désignera par un diamant un fils, l'autre sexe par une émeraude."

"La seconde moitié de cette bague serait remise à l'enfant, s'il me perdait, avec les indications nécessaires pour vous trouver; en vous la présentant, si elle se rejoint à la vôtre, il prouvera ses droits à votre protection, et mon estime pour vous m'assure qu'il ne les réclamerait point en vain."

76 La Lettre Finale

"Adieu, monsieur; adieu, Léon; pour jamais adieu!
Farewell sir   good-bye   Léon   for   never   good-bye
*   (ever)*

Epargnez-vous toute démarche dont je serai l'objet; vous
Spare yourself all process of which I would be the object you

les feriez vainement, car je pars sous très peu de
them would make in vain because I leave under very few of

jours. Oubliez un être fantastique que vous ne
days   Forget   a being fantastic   that you not

connaissez pas, que vous ne devez jamais connaître;
know   not   that you not must never know
*   ()*

oubliez ce songe d'une nuit qui ne peut plus revenir;
forget this dream of a night which not can more return
*   (anymore)*

soyez heureux, je le désire, et, si je puis l'apprendre,
be   happy   I it want   and if I can it learn

mon coeur s'en réjouira."
my heart itself of it will rejoice

"Heureux!" s'écria Léon en jetant avec dépit la lettre
Happy   exclaimed Léon in throwing with spite the letter

loin de lui;
far from him

77 La Lettre Finale

"Que je sois heureux quand elle m'annonce froidement que je ne dois plus la revoir, quand son insultante confiance ne m'apprend tout le prix de ce que j'ai perdu que pour me l'enlever à jamais! Mais qu'elle ne croie pas m'échapper, elle est à moi; c'est elle-même qui a formé ce noeud... N'était-ce donc que pour le briser ainsi? Oui, je la poursuivrai partout; en tous temps je réclamerai mes droits... Elle ne pourra s'y soustraire..."

"Hélas!" reprit-il après un moment de réflexion.

78 La Lettre Finale

"J'oublie qu'elle va partir... Peut-être elle retourne dans sa patrie, et des mers immenses vont nous séparer... Ah! que je suis malheureux! Pourquoi ai-je été au bal? Pourquoi ai-je eu la folie d'accepter ces perfides conditions?"

La perte subite des espérances les plus flatteuses affecta tellement Léon qu'il en fut malade pendant quelques jours. Dès qu'il put sortir, il recommença ses recherches avec plus de vivacité que jamais.

79 La Lettre Finale

Mais, étranger lui-même dans la capitale, il avait peu de moyens de réussir et fut bientôt réduit à ce regret inactif qui est le pire des maux; son caractère même en prit une teinte de mélancolie qui lui devint habituelle.

Élevé dans des principes honnêtes, par une famille respectable, Léon ne s'étais jamais livré à la license des camps; les études de son métier, des campagnes fatigantes et glorieuses ne lui avaient jamais laissé le temps de former une liaison suivie:

80 La Lettre Finale

Capable d'attachement, il n'avait point aimé, et cette première impression fut d'autant plus profonde; et lorsque le hasard venait de lui offrir une femme aimable que le mystère dont elle s'enveloppait rendait plus piquante encore, elle avait disparu comme une ombre; peut-être il allait bientôt être père, et jamais il ne presserait sur son coeur l'enfant de son amour; attaché par les liens les plus doux, les plus forts, à des objets que son imagination seule lui retraçait, il ne devait jamais les connaître.

81 La Lettre Finale

Telles étaient les pensées qui l'assiégeaient sans relâche; cependant, à force de relire et de commenter sa lettre, il crut enfin y trouver quelques lueurs d'espérance.

Tout espoir de retrouver son inconnue n'était pas encore perdu; cette bague énigmatique qu'on lui promettait, et qui devait annoncer l'événement le plus désiré, n'était-elle pas une sorte de correspondance? Enfin, puisqu'on s'arrangeait pour que l'enfant pût toujours retrouver son père, on ne renonçait donc pas à s'occuper du sort et de l'existence de ce dernier.

La Lettre Finale

Et l'idée que son invisible s'intéressait encore à sa destinée s'empara de son esprit et y porta quelque consolation.

Mais un nouveau chagrin l'attendait: son régiment reçut l'ordre de partir pour se rendre en garnison dans une petite ville du nord de la France, et Léon, obligé de le suivre, désespéra de nouveau. En quittant Paris, il perdait tout espoir de retrouver la trace de celle qu'il cherchait, et lui-même, caché dans le fond d'une province, pouvait y être oublié.

83 La Lettre Finale

Le message qu'il attendait avec tant d'impatience ne viendrait peut-être pas l'y chercher. Il fallut partir cependant, et le séjour d'une petite ville, sans société, sans autre ressource que des promenades solitaires, ne contribuai pas à égayer les pensées mélancoliques de Léon.

84 Triste Exil

V - Triste Exil

Tandis que, livré à ses regrets dans ce triste exil, il calculait avec impatience les mois qui devaient s'écouler jusqu'au message annoncé, son inconnue, retirée aussi, mais dans une terre charmante située sur la route de Tours à Bordeaux, s'abbandonnait, avec la vivacité d'une tête ardente, aux douces espérances qu'elle s'était créées. Tout était nouveau pour elle, tout l'enchantait dans la position indépendance où elle se trouvait.

86 Triste Exil

Née à la Martinique, élevée à la campagne au milieu d'un peuple d'esclaves, la jeune Elinor, à seize ans, ne connaissait d'autre contrainte que l'indulgente volonté de ses parents; et jamais les lois sévères de la société ne lui avaient imposé leur joug salutaire. Mais à cette époque sa beauté, qui commençait à faire quelque bruit, excita les désirs de M. de Roselis, le plus riche colon de toute l'île. Il se présenta pour demander sa main, et l'éclat de ses richesses éblouit tellement une famille trop ambitieuse, qu'il l'obtint presque aussitôt.

87 Triste Exil

C'était un homme de quarante ans, d'une belle figure, mais d'un caractère aussi odieux que méprisable.

D'abord intendant de l'habitation dont il était devenu possesseur, il ne l'avait jamais quittée, et l'habitude de commander en tyran lui avait faire contracter tous les vices qui naissent presque toujours de l'isolement et d'un pouvoir sans bornes.

Soupçonneux, violent, sans principes et sans moeurs, sa vanité, flattée un moment d'obtenir la main de la plus belle personne de la colonie;

88 Triste Exil

Ne	lui	laissa	bientôt	pour	elle	d'autre	sentiment	qu'une
Not	him	left	soon	for	her	of other (another)	sentiment	than a

basse	jalousie	qu'il	exerça	avec	toute	la	dureté	d'un
low	jealousy	that he	exercised	with	all	the	severity	of a

caractère	impérieux.
character	tyrannical

Elinor,	enfermée	au	milieu	de	ses	négresses	dont	elle
Elinor	locked up	at the	middle	of	her	black women	of which	she

ne	pouvait	même	disposer,	parmi	lesquelles	plusieurs
not	could	even	dispose	between	which	several

étaient	de	ses	rivales,	eut	à	souffrir	les	plus	indignes
were	of	her	rivals	was	to	suffer	the	most	unworthy

traitements;	son	âme	sensible	et	fière	en	conçut	un
treatments	her	soul	sensitive	and	proud	of it	conceived	a

ressentiment	profond,	et	voua	dès	lors	à	tous	les
resentment	deep	and	swore	from	then	to	all	the

hommes	la	haine	et	la	mépris	que	méritait	en	effet	le
men	the	hate	and	the	contempt	that	deserved	in	effect	the

seul	d'entre	eux	qu'elle	eût	jamais	pu	apprécier.
only	of between	them	that she	had	never	been able	to appreciate

89 Triste Exil

Ses parents moururent du regret d'avoir sacrifié leur fille unique, et son époux, blasé sur un genre de vie dont il avait épuisé tous les plaisirs, se préparait à passer en France, où déjà il avait des fonds pour l'acquisition d'une terre, lorsque la mort le surprit au milieu d'une partie de débauche.

La belle Elinor de Roselis se trouva donc tout à coup, à vingt-cinq ans, la veuve la plus riche et la plus libre de la colonie, mais dégoûtée d'un pays où elle n'avait connu que des chagrins;

90 Triste Exil

Elle	résolut	de	réaliser	les	projects	de	son	mari	et	de
She	resolved	of	to realize	the	projects	of	her	husband	and	of

venir	s'établir	en	France.
to come (to go)	herself establish	in	France

Une	amie	de	son	enfance,	Mme	de	Gernancé,	dont
A	friend	of	her	childhood	Mrs	de	gernancé	of whom

l'union	avait	été	plus	heureuse	de	la	sienne,	s'étant
the union (the mariage)	had	been	more	happy	of (than)	the	hers	herself being

décidée	à	transporter	dans	la	même	contrée	sa	fortune
decided (determined)	to	transport (move)	in	the	same	country	her	fortune

et	sa	famille,	un	vaisseau	fut	frété	à	leur	compte	et,
and	her	family	a	ship	was	freighted (commissioned and loaded)	to	their	account	and

après	avoir	renouvelé	sur	la	tombe	de	ses	parents	le
after	to have	renewed	on	the	grave	of	her	parents	the

serment	de	ne	jamais	donner	à	aucun	homme	le
oath	of	not ()	never	to give	to	any	man	the

pouvoir	de	disposer	de	sa	destinée,	Mme	de	Roselis
power	of	to dispose	of	her	destiny	Mrs	de	Roselis

s'embarqua	en	vormant	mille	projets,	en	caressant	mille
herself embarked	while	forming	thousand	projects	in	caressing	thousand

espérances.
expectations

91 Triste Exil

Pendant les premières années de sa malheureuse union, Mme de Roselis avait senti vivement le chagrin de n'être pas mère et ne s'en était consolée ensuite par la crainte de voir son enfant hériter des vices dont elle avait eu si longtemps à souffrir.

Ce regret se renouvela avec plus de force que jamais au milieu même des premières jouissances de la liberté, et seule, sans famille, sans attachement, prête à se rendre sur une terre étrangère où elle ne connaissait personne;

Triste Exil

Elle sentit que cette indépendance n'était pas tout pour
felt that this independence not was not totally for
[was not all rosy]

le bonheur, et qu'il fallait encore quelque intérêt dans la
happiness and that it was necessary still some interest in the life
]

vie pour nous y attacher. La présence des enfants de
for for us there to attach The presence of the children of

son amie, qui l'entouraient sans cesse dans la traversée,
her friend who her surrounded without stop in the crossing

ramena toutes ses pensées sur ce sujet, et ce fut en
brought back all her thoughts on this subject and it was while

recevant leurs caresses, en se mêlant à leurs jeux,
receiving their hugs and herself mixing at their games
(with)

qu'elle conçut la première idée du projet bizarre que
that she conceived the first idea of the project bizar that

nous lui avons vu réaliser. Les loisirs d'une longue
we her have seen realize The recreations of a long
(free time)

navigation lui donnèrent tout le temps de le combiner
navigation her gave all the time to it combine
(journey)

de manière à éviter les graves inconvénients qu'il
of way to avoid the serious disadvantages that it
(in a)

semblait offrir.
seemed to offer

93 Triste Exil

Enfin, toujours plus enchantée de son projet à mesure qu'il se déroulait dans son imagination, il l'occupait tout entière lorsqu'elle débarqua à Bordeaux.

Après un séjour fort court dans cette ville, elle suivit M. et Mme de Gernancé à Paris, où ils venaient passer l'hiver. Nous avons vu avec quelle étourderie et quel bonheur elle accomplit sa folle entreprise, et comment son heureux destin lui fit trouver dans Léon de Préval assez d'honnêteté et de solidité de caractère pour la sauver des chances dangereuses auxquelles elle s'exposait.

94 Triste Exil

Ne voulant mettre dans sa confidence que son fidèle servant, elle l'avait chargé, dans l'intervalle qui s'était écoulé jusqu'au dernier bal, de louer dans le fond d'un faubourg éloigné une petite maison qu'elle avait fait disposer pour ses desseins. Un ressort caché au moyen duquel la lampe pouvait s'éteindre à volonté, les issues secrètes qui assuraient sa fuite, tout était l'ouvrage de l'espèce de prévoyance raisonnée qu'elle mettait à une chose qui, assurément, ne l'était pas.

95 Triste Exil

Comme elle habitait le même hôtel que ses compagnons de voyage, il fallut leur donner le change en annonçant d'avance qu'elle partirait pour sa terre le lendemain de la mi-carême. En effet, au jour fixé, malgré les instances de ses amis, elle leur dit adieu et partit avec le seul servant, mais ce fut pour aller descendre à sa petite maison. Le reste de ses gens s'étant mis en route quelques heures auparavant, tout réussit au gré de ses désirs.

Après ce rendez-vous préparé avec tant de soins;

Triste Exil

Elle resta quelque temps encore cachée dans sa maison; ce fut de là qu'elle écrivit à Léon la lettre qui le rendit si malheureux; elle partit pour la Touraine quelques jours après.

Son premier soin en arrivant fut de faire répandre dans les environs que son mari, déjà malade en s'embarquant, était mort dans la traversée; le deuil qu'elle portait confirmait son récit. Bientôt elle laissa soupçonner qu'il lui restait au moins l'espoir de posséder un gage tardif de son union.

97 Triste Exil

Au bout de quelques mois, cet espoir devint à tous les yeux une certitude, et vers la fin de l'automne Mme de Roselis, au comble de ses désirs, mit au monde une fille qui fut nourrie dans la château.

Avec quels transports elle pressa sur son coeur cet enfant tant désiré, sur lequel reposait tout le bonheur de sa vie et qui devait réunir ses plus tendres affections!

"Tu m'aimeras," disait-elle;

Triste Exil

"Oui, tu seras reconnaissante des soins, de la tendresse que je te prodiguerai; je vivrai pour toi seule et je n'aurai point à craindre que l'abandon et l'outrage soient le prix de mon dévouement. Il est donc enfin au monde un être auquel je tiens par les liens les plus doux, les plus forts, et dont les caresses innocentes, le bonheur enfantin, suffiront, je l'espère, à ma félicité."

Il était naturel qu'au milieu des transports d'une jouissance toute nouvelle vînt se placer le souvenir de celui à qui on la devait;

99 Triste Exil

Elle pensa au bonheur qu'éprouverait Léon s'il pouvait voir cet enfant, et cette idée lui rappela la promesse qu'elle lui avait faite de lui annoncer l'époque de sa naissance.

Le servant fut dépêché à Paris, pour faire exécuter la bague qu'on avait promise à Léon.

On lui donna l'ordre de s'informer aux bureaux de la Guerre de la ville où se trouvait son régiment, et de partir aussitôt à franc étrier pour lui porter ce dernier message.

Triste Exil

Il devait le remettre à lui-même et surtout s'éloigner à
He must it hand over to him self and especially move away at

l'instant, sans laisser à M. de Préval la possibilité de
the instant without to leave to M de Préval the possibility of

l'arrêter et de lui faire une seule question. Le servant
to stop him and of him to make a single question The servant

remplit ses ordres avec autant d'exactitude que
fulfilled her orders with as much of accuracy than (as)

d'intelligence.
of intelligence

101 Triste Exil

102　Une Fille

VI - Une Fille

Léon, qui n'avait pas vu commencer le mois de novembre sans émotion, revenait un matin de l'exercice, triste, rêveur. Prêt à rentrer, il entend derrière lui le pas d'un cheval, tourne la tête, reconnaît le servant et pousse un cri de surprise et de joie; celui-ci l'aborde et, sans descendre de cheval: "Voici ce qu'on m'a chargé de vous remettre," lui dit-il, en lui présentant une boîte cachetée.

Il pique des deux et disparaît aussitôt.

104 Une Fille

Léon, interdit, le suivait des yeux, et ce ne fut qu'en les reportant sur la boîte qu'il put se convaincre que cette disparition subite n'était pas une vision de son esprit troublé.

Il l'ouvre avec précipitation; elle ne contenait que la moitié d'un anneau d'or, coupé comme une alliance, sur lequel était gravé: 22 november 18..; une fort belle émeraude formait le chaton.

"C'est une fille!" s'écria Léon; je suis père! ...

105 Une Fille

Et pas une lettre, pas un mot! ... Elle se joue encore de moi! ... C'en est fait peut-être! Je n'entendrai plus parler d'elle... Mais quel est donc cet être inconcevable qui dispose ainsi de mon sort, enchaîne jusqu'à mon avenir? ... qui, toujours invisible, me suit au fond de cette province et, selon sa convenance, me cherche et m'abandonne tour à tour? ... Malheureux bal! Funeste rendez-vous! "

Et son esprit agité retournait de cent manières ces réflexions, sans pouvoir les rendre plus satisfaisantes.

106 Une Fille

Une longue année s'écoula ainsi. Aux approches du printemps suivant, des bruits de guerre commencèrent à circuler; on parlait d'une expédition en Espagne, et les militaires, rêvant à l'avancement et à la gloire, se réjouissaient d'échapper au repos. Léon surtout, fatigué de ses souvenirs et de l'oisiveté qui les alimentait, attendait avec impatience le signal des combats. Mais quelle fut sa surprise en recevant un jour une dépêche du ministère de la Guerre, qui contenait sa nomination d'aide de camp du général de X...

107 Une Fille

Et	l'ordre	de	se	rendre	sur-le	champ	à	Paris,	auprès
And	the order	of	himself	to turn over	on the	field	to	Paris	near
					[immediately]				(to)

de	cet	officier	supérieur!
of	this	officer	superior
()			

Léon,	qui	ne	le	connaissait	pas	et	qui	ne	croyait	avoir
Léon	who	not	him	knew	not	and	who	not	thought	to have

aucune	protection	auprès	de	lui,	ne	pouvait	concevoir
none	(higher) protection	close to	of	him	not	could	conceive

d'où	venait	cette	nomination;	mais	depuis	quelque	temps
from where	came	this	appointment	but	sinds	some	time

il	ne	lui	arrivait	que	des	choses	extraordinaires.	Celle-ci
it	not	him	arrived	than	of	things	extraordinary	This	this
				(except for)			(strange)		(here)

le	remplit	de	joie	et	d'espérance.	Peut-être	son	inconnue
him	filled	of	joy	and	of hope	Maybe	his	unknown

avait-elle	part	à	ce	nouvel	événement.	Alors,	c'était	un
was	she	part	to	this	new	event	Then	it was	a

moyen	de	découvrir	son	nom,	sa	résidence.
means	of	to discover	her	name	her	address

Une Fille

Enfin, il retournait à Paris, et, quoique son séjour dût y être fort court, quelque chance favorable pouvait l'aider dans ses recherches.

Voilà donc Léon dans la capitale, parfaitement accueilli du général qui l'installe dans son hôtel et l'admet à sa table.

D'abord la multiplicité de ses occupations ne lui permit guère de se livrer à des démarches dont il avait d'ailleurs éprouvé déjà l'inutilité;

109 Une Fille

Mais, au bout de quelque temps, distingué par son chef et devenu presque un favori, il osa demander quelle était la personne à laquelle il devait ce poste honorable. Le général lui apprit alors que la recommandation de M. de B., chargé du personnel de la guerre, et le souvenir de la conduite distinguée de Léon dans les campagnes précédentes, l'avaient décidé à le demander pour aide de camp.

"Cela me fait penser," continua-t-il, "qu'il serait convenable que vous lui fissiez une visite de remerciements:

110 Une Fille

Je compte y aller un de ces soirs, et si vous voulez, je vous y mènerai. "

Léon, quoique trompé dans son espoir, accepta avec reconnaissance, et, peu de jours après, le général le conduisit dans sa voiture chez M. de B...

Une société assez nombreuse était déjà réunie dans le salon, et Mme de B..., après avoir arrangé quelques parties, venait de reprendre sa place auprès du feu, au milieu d'un petit cercle de trois ou quatre femmes et autant d'hommes qui causaient avec beaucoup de gaieté, lorsque Léon lui fut présenté.

111 Une Fille

Mais	ce	fut	en	vain	qu'il	essaya	d'obtenir	d'elle	les
But	it	was	in	vain	that he	tried	of to obtain	from her	the

éclaircissements	qu'il	désirait;	après	quelques	mots	de
clarifications	that he	wanted	after	a few	words	of

politesse,	Mme	de	B...	fit	reprende	à	la	conversation	le
politeness	Mrs	de	B	let	retake	to	the	conversation	the

ton	général	en	priant	un	de	ces	messieurs	de	continuer
tone	general	while (by)	praying (asking)	one	of	these	gentlemen	of	to continue

l'anecdote	qu'il	avait	commencée,	et	Léon,	trompé	dans
the anecdote	that he	had	started	and	Léon	deceived	in

son	attente,	se	vit	réduit	à	écouter	comme	les	autres.
his	expectation	himself	saw	reduced	to	listen	like	the	others

Les	histoires	plaisantes	ou	singulières	se	succédaient
The	stories	pleasant	or	strange	eachother	succeeded

depuis	quelque	temps,	quand	Mme	de	B...,	attentive	à
since (already)	some	time	when	Mrs	de	B	attentive	to

faire	briller	chacun	à	son	tour,
make	shine	each	at	his or her	turn

Une Fille

se tournant vers Léon, lui demanda en souriant si, dans
herself turning towards Léon him asked in smiling if in

le cours de ses campagnes et des vicissitudes de la
the course of his campaigns and the vicissitudes of the

vie militaire, il n'avait pas aussi rencontré quelque
life military he not had not also encountered some

aventure digne d'être racontée. Léon, l'esprit toujours
adventure worthy of to be narrated Léon the mind always

rempli de la sienne, en fit le récit en le mettant sur
filled of that which was his of it made the description in it putting on

le compte d'un officier de son régiment, et lui donna
the account of an officer of his regiment and him gave (the story)

d'autant plus d'intérêt qu'il était tout plein de son sujet.
of moreover more of interest that he was all full of his subject (with moreover) (charm) (as he)

Dès qu'il l'eut achevée, une vive discussion s'engagea
From that he it had completed a lively discussion itself engaged (After)

sur ce caprice bizarre d'indépendance.
on this whim bizarre of independence

113 Une Fille

Les dames jugèrent avec une juste sévérité l'imprudence inexcusable qui avait pu porter une femme à s'exposer aussi légèrement, et la blamèrent d'avoir sacrifié ses devoirs à un goût déplacé de liberté.

Les hommes trouvèrent que sa conduite annonçait du caractère, de l'imagination, qu'elle avait exécuté son roman avec autant d'esprit que de fermeté et que ce devait être une femme charmante.

Tous souhaitèrent avoir été à la place de l'officier;

Une Fille

Mais	tous	assurèrent	qu'ils	ne	se	seraient	pas	laissés
But	all	assured	that they	not	themselves	would be (would have)	not ()	left

jouer	ainsi,	et	qu'aucun	serment	n'aurait	pu	les	empêcher
play (to play with)	like that	and	that no	oath	not would have	been able	them	prevent

de	découvrir	et	de	soumettre	la	belle	fugitive.
of	to discover	and	of	to submit	the	beautiful	fugitive

"En	vérité,"	reprit	sèchement	une	dame	d'un	certain	âge,
In	reality	continued	dryly	a	lady	of a	certain	age

"il	n'était	pas	besoin	de	beaucoup	de	ménagements	avec
it	not was	not ()	necessary	of	a lot	of	caution	with

une	personne	qui	se	respectait	si	peu	elle-même."
a	person	who	herself	respected	so	little	her self

"Je	conviens,"	reprit	une	fort	jolie	femme	qui	était
I	agree	continued	a	very	pretty	woman	who	was

assise	dans	le	coin	de	la	cheminée,	"qu'il	est
seated	in	the	corner	of (near)	the	fireplace	that it	is

impossible	de	la	justifier;"
impossible	to	her	justify

115 Une Fille

"Mais on peut supposer au moins que des motifs puissants et secrets avaient fait naître cette aversion décidée pour un second lien: la passion d'une mère paraît avoir fait le reste, et quelle est celle d'entre nous qui, en caressant un enfant qui lui sourit, ne trouve pas dans son coeur quelque excuse pour une erreur causée par ce sentiment?"

"Vous avouerez du moins qu'elle a joué là un tour sanglant à ce pauvre officier?"

"Quel si grand mal lui a-t-elle donc fait?" demanda d'un ton léger la jolie dame.

Une Fille

"Quel mal?" s'écria Léon avec feu; "n'est-ce donc rien pour cet officier que d'être poursuivi sans cesse par le souvenir d'une femme charmante, dont les grâces et l'esprit l'ont rempli d'amour, dont la possession l'a comblé de délices, et qui se dérobe obstinément à sa vue, à sa tendresse? qui semble n'avoir enflammé son coeur que pour l'abandonner à ses regrets et ne conserver de rapports avec lui que pour entretenir des désirs qu'elle ne veut jamais satisfaire? Il est époux, il est père, et jamais peut-être il ne connaîtra ces objets du sentiment le plus naturel;"

117 Une Fille

"Il ignore dans quels lieux ils existent, tandis que,
He does not know in what places they exist while that

soumis lui-même à une surveillance invisible, on le suit,
subjected him self to a monitoring invisible one him follows

on le trouve, on dispose de son existence; des devoirs
one him finds one disposes of his existence of the duties

lui sont imposés, et, plus malheureux que le dernier
him are imposed and more unhappy than the last

des humains, il n'en sera pas récompensé par ce
of the humans he not for it will be not rewarded by this
　　　　　　　　　　　　　　　　　　()

bonheur domestique qui appartient à tous, hors à lui."
happiness domestic which belongs to all except to him
(bliss)

"Convenez qu'il y a là un peu d'exagération: car, enfin,
Agree that it there has there a bit of exaggeration because finally
　　　　(that)　　　(is)

pourquoi ne se marierait-il pas?"
why not himself would marry he not
　　　　　　　　　　　　　　　　()

"Eh! le peut-il, madame?"
Eh it can he madam
　　(that)

Une Fille

"En supposant que le temps efface enfin l'impression trop profonde d'un bonheur passager, s'appartient-il encore? Tant que celle qu'il aime sera libre, peut-il cesser de l'être? Ah! si cette aversion bizarre pour un lien naturel venait à s'éteindre, s'il devait obtenir un jour cette main si longtemps désirée, pourrait-il se consoler d'avoir engagé la sienne?"

"Il y a du moins bien de la délicatesse dans les sentiments que vous lui prêtez," reprit la dame, en fixant sur Léon un regard plein de douceur et d'intérêt.

119   Une Fille

Il en fut ému et, continuant avec une chaleur croissante:

"Et cette bague partagée entre son enfant et lui, n'est-elle pas une chaîne qui l'attache à jamais? Dans quelque situation qu'il se trouve, on peut venir réclamer sa tendresse, ses soins paternels... On le possède et il ne possède rien! Et pour mettre le comble à cette situation unique, il ne peut espérer de connaître son enfant qu'en perdant la mère!"

Une Fille

"Le premier aspect de cet être chéri lui apprendra qu'un autre plus cher encore n'existe plus; et ce n'est qu'au prix du bonheur d'être époux qu'il peut obtenir celui d'être père!"

La voix de Léon s'altéra en prononçant ces derniers mots; une larme semblait prête à s'échapper de sa paupière.

"D'honneur, mon cher Préval," dit en souriant le général, "vous avez fait un tableau si pathétique de la position de ce jeune homme, qu'on serait tenté de croire que vous le traciez d'après nature."

121 Une Fille

Mme de B..., voyant l'embarras et l'émotion de Léon, se hâta de changer l'entretien. Il resta debout contre la cheminée près de l'aimable dame.

Après un moment de silence: "Vous nous avez vivement intéressés à votre ami, monsieur," lui dit-elle avec douceur; "il est impossible de faire une peinture plus éloquente de ses sentiments."

"Du moins, madame, elle est parfaitement vraie; mais la campagne qui s'ouvre va faire une puissante diversion à sa tristesse;"

122 Une Fille

"Et l'espoir de terminer glorieusement une vie qui ne lui
And the hope of to finish gloriously a life who not him
(which)

présente plus de chances heureuses..."
presents (any)more of opportunities happy

"Que dites-vous, monsieur?" reprit la jolie dame; "si vous
What say you sir continued the lovely lady if you

avez quelque influence sur lui, vous devez l'employer à
have some influence on him you must it use to

le détourner de cette affreuse pensée, lui dire qu'il est
him divert of this ugly thinking him say that it is

de son devoir de se conserver pour cet enfant..."
of his duty of himself conserve for this child
()   (to)   (keep alive)

"Eh! pourquoi reconnaîtrait-il des devoirs sans récompense?
Eh why would recognize he of the duties without reward
(would accept)   ()

De quel droit devrait-il sa vie à ceux qui l'ont
From which right would owe he his life to those who it have
(By)

empoisonnée? ..."
poisoned

123 Une Fille

"Mais un boulet," ajouta-t-il avec un sourire mélancolique,
"un boulet arrange bien des choses..."

Dans ce moment, le général l'appela; ils firent leurs adieux, reçurent des vœux de gloire, d'heureux retour...

"Ce jeune homme est fort intéressant," dit Mme de B... lorsqu'ils furent partis; "une figure charmante, une belle âme; ce serait dommage qu'il pérît en Espagne."

124 Une Affaire Meurtrière

VII - Une Affaire Meurtrière

Depuis ce moment, Mme de Roselis (car on se doute bien que c'était elle) ne put retrouver cette insouciance paisible, cette fière indifférence qu'elle s'était flattée de conserver toujours.

Elle mesura enfin l'étendue et le danger de sa faute par la sévérité avec laquelle les femmes l'avaient jugée, tandis que les propos légers des hommes lui apprenaient combien elle était redevable à la rare délicatesse de Léon.

Une Affaire Meurtrière

Cette réflexion augmentait son estime pour lui, et l'idée d'avoir fait le malheur d'un homme qui l'adorait, qu'elle ne pouvait s'empêcher de trouver aimable, ce mélange de péril et de gloire si puissant sur le coeur des femmes, l'inquiétude enfin, cet aliment de l'amour du souvenir, tout concourait à éveiller dans son coeur des sentiments nouveaux pour elle.

Tourmentée du désir de revoir sa fille et de retrouver sa solitude, elle n'eut plus d'autre soin que celui de son départ.

127 Une Affaire Meurtrière

Dans la visite d'adieu qu'elle fit chez Mme de B..., on lui apprit que le général X... et son aimable aide de camp devaient être déjà près de l'Espagne, où les hostilités étaient commencées. Son coeur se serra; sa visite fut courte: une sorte d'impatience douloureuse la ramena chez elle pour y presser les préparatifs du voyage.

Mais quelle différence entre la situation d'esprit où elle se trouvait alors et celle qu'elle avait apportée au commencement de l'hiver.

Une Affaire Meurtrière

Lorsque, cédant aux instances de Mme de Gernancé, elle s'était décidée à venir le passer à Paris. Heureuse, tranquille, à la fleur de son âge et ne rêvant déjà que projets de plaisir, telle était alors Mme de Roselis, et l'on peut se figurer avec quelle faveur une veuve belle et riche fut accueillie dans le monde où le bonheur est un si grand mérite. La maison de Mme de B... fut une de celles où Elinor fut présentée; M. de Gernancé était très lié avec le mari de cette dame,

129 Une Affaire Meurtrière

Et	lorsque	les	premiers	bruits	de	guerre	commencèrent	à
And	when	the	first	rumours	of	war	began	to

circuler,	Elinor	eut	la	pensée	de	se	servir	de	cette
circulate	Elinor	had	the	thought	to	herself	serve	of	this

liaison	pour	procurer	à	Léon	un	poste	moins	dangereux
liaison (link)	for	to acquire	for	Léon	a	poste	less	dangerous

et	plus	honorable.	Elle	supposa	auprès	de	M.	de
and	more	honorable	She	proposed	next (to)	of	Mr	de

Gernancé	que	la	famille	de	ce	jeune	homme	le	lui
Gernancé	that	the	family	of	this	young	man	her	him

avait	recommandé	et	demanda	seulement	de	n'être	point
had	recommended	and	demanded	only	of	not to be	not at all

nommée	dans	cette	négociation.
named	in	this	affair

Le	succès	répondit	à	ses	désirs,	et	le	hasard	ensuite
The	success	responded	to	her	desires	and	the	chance	afterwards

amena	cette	rencontre	qui	changea	subitement	toute	son
lead to	this	encounter	that	changed	quickly	all	her

existence.
existence

Une Affaire Meurtrière

Mme de Roselis reprenait donc la route de Touraine, inquiète, pensive, se reprochant une étourderie dont elle n'avait pas senti les conséquences. Sa vive imagination lui retraçait comme certain tout ce qui pouvait arriver de plus affreux et son coeur s'attendrissait aux funestes images qu'elle se plaisait à créer d'avance. Le servant, resté à Paris, devait lui faire passer exactement les nouvelles d'Espagne, auxquelles elle commençait à s'intéresser beaucoup.

En revoyant sa fille, elle sentit qu'elle lui était devenue plus chère.

131 Une Affaire Meurtrière

Une ressemblance qu'elle n'avait point remarquée jusqu'alors la frappa vivement, et de nouveaux baisers, plus tendres encore que les premiers, suivirent cette découverte.

Plus solitaire que jamais, Mme de Roselis passa l'été à suivre avec un intérêt délicieux les progrès de cet enfant chéri: chaque mois amenait une grâce de plus, faisait faire un pas à son intelligence. Elinor était enchantée; mais souvent elle cherchait auprès d'elle quelqu'un qui partageât son enthousiasme maternel.

Une Affaire Meurtrière

"Il est triste, pourtant," se disait-elle, "de n'avoir personne avec qui je puisse parler de mon bonheur, qui le sente comme moi... Ah! sans doute," continuait-elle avec un soupir que l'orgueil étouffait aussitôt, "sans doute il n'y aurait qu'un père qui pût prendre autant de plaisir à ces enfantillages... Et qui sait, après cela, si ce despote altier ne me contrarierait pas dans son éducation, si sa dure sévérité... Ah! Léon ne serait pas un despote... Son regard est doux, son sourire est tendre... Il serait un bon père..."

133 Une Affaire Meurtrière

Puis elle pensait qu'il était bien loin, exposé à tous les dangers de la guerre, qu'il voulait mourir, qu'il était mort peut-être...

Et Mme de Roselis écrivait pour avoir des nouvelles d'Espagne, et sa tranquillité, sa fierté ne revenaient qu'en apprenant que M. de Préval était dans telle ville et qu'il se portait bien.

Aux approches de l'hiver, ses amis, qui ne concevaient pas quel attrait la retenait si longtemps dans sa solitude, lui écrivirent pour la presser de venir les rejoindre.

134 Une Affaire Meurtrière

Ne pouvant se résoudre à quitter sa petite Léonie qu'elle aimait chaque jour plus passionnément, n'osant encore faire connaître l'existence de cette enfant à Mme de Gernancé, elle éloigna son départ sous différents prétextes.

Ce ne fut que dans le courant de janvier qu'enfin elle se rendit à Paris. Mais ces plaisirs brillants, ces sociétés charmantes qui l'avaient enchantée l'année précédente étaient maintenant sans attraits à ses yeux;

135 Une Affaire Meurtrière

Ils lui parurent fatigants, insipides; elle rentrait chez elle excédée, mécontente, s'y trouvait seule, et commençait à penser que cette indépendance, dont elle avait fait son souverain bien, était souvent trop achetée par le vide du coeur et par l'ennui qui en est inséparable.

Fatiguée des hommages indiscrets d'une foule d'étourdis dont sa position encourageait les espérances, elle se disait que peut-être eût-il mieux valu s'attacher à un seul pour se débarrasser des autres;

136 Une Affaire Meurtrière

Que, dans la société, une femme aimable et belle avait
That in the society a woman pleasant and beautiful had

besoin d'un protecteur qui la fit respecter; et, sans
need of a protector who her made respect and without

s'en apercevoir, le souvenir de Léon lui devenait moins
herself of it notice (noticing it) the memory of Léon her became less

indifférent.
indifferent

Tout à coup le bruit se répandit qu'une affaire très
All at blow (once) the rumour itself spread that a affair very

meurtrière venait d'avoir lieu en Espagne.
deadly came of to have place in Spain
 (taken place)

Elinor, pleine d'inquiétude et de tristes pressentiments,
Elinor full of worry and of sad forebodings

courut aussitôt chez Mme de B... La conversation roulait
ran at once with Madam de B The conversation rolled (was moving)

déjà sur le sujet qui l'intéressait;
already on the topic who (which) her interested

137 Une Affaire Meurtrière

Mais combien elle fut émue lorsque, après avoir cité plusieurs officiers qui avaient péri, Mme de B... lui dit: "Vous souvient-il, madame, de cet aimable aide de camp du général X... qui nous contait cette histoire si singulière? Eh! il a disparu depuis la bataille: on ne peut le retrouver ni parmi les vivants, ni parmi les morts."

Un cri de surprise fut la seule réponse d'Elinor; heureusement pour elle, il s'engagea une longue discussion sur cet événement.

Une Affaire Meurtrière

Après avoir écouté en silence des conjectures toujours plus désespérantes les unes que les autres, Mme de Roselis se retira vivement, et sentit enfin que, malgré ses préventions, un homme avait le pouvoir de troubler son bonheur, et d'influer sur sa vie.

Elle resta près d'un mois encore à Paris, espérant toujours obtenir des nouvelles positives; mais, rien ne venant éclaircir l'obscurité qui couvrait le sort de Léon, elle se décida à retourner en Touraine.

139 Une Affaire Meurtrière

En vain Mme de Gernancé, étonnée de sa tristesse, inquiète de sa santé, craignant que la solitude n'augmentât ces dispositions, voulut s'opposer à son départ; elle partit, mais l'inquiétude et les regrets l'accompagnèrent.

La vue de sa fille ne fit que les augmenter encore:

"Elle n'a plus que moi, disait-elle; celui qui pouvait me remplacer un jour peut-être n'existe plus! ..."

Une Affaire Meurtrière

Chaque	courrier	était	attendu	avec	impatience,	mais
Each	courier	was	awaited	with	impatience	but

pendant	près	de	deux	mois	ils	n'apportèrent	aucune
during	near	of	two	months	they	not brought	any

nouvelle	sur	le	sort	de	Léon.
news	on	the	fate	of	Léon

141　Une Affaire Meurtrière

142 Confidence

VIII - Confidence

Un soir, elle était assise au fond de son parc, s'amusant des jeux de sa petite Léonie, et rêvant à celui dont elle lui rappelait l'image, lorsqu'elle entendit les voix confuses de ses gens qui la cherchaient.

"Madame," disait l'un d'eux, "doit être dans le parc avec sa fille..."

"Sa fille!" reprit avec surprise une voix étrangère qu'Elinor reconnut aussitôt pour être celle de Mme de Gernancé.

Confidence

Elle-même parut en même temps, et les deux amies coururent s'embrasser.

"Ma chère Elinor," dit affectueusement cette dernière, "je n'ai pu résister plus longtemps à mon inquiétude; vos lettres devenaient si rares et si courtes, j'y trouvais une teinte de mélancolie si marquée que j'ai voulu juger par moi-même de l'état où vous êtes; je viens pour quelque moment partager et égayer, si je puis, votre solitude."

Tandis que son amie la remerciait tendrement de cette touchante marque d'amitié,

145 Confidence

Mme de Gernancé fixait des regards pleins de surprise et de curiosité sur cette enfant qu'elle voyait traiter par les domestiques comme la fille de la maison et qui, dans son babil enfantin, appelait sans cesse sa mère.

Lorsqu'elles furent rentrées:

"Je vois votre étonnement," dit en souriant Mme de Roselis, "et je devine votre curiosité... Oui, ma chère amie, j'ai pu avoir un secret pour vous, un secret que je n'ai jamais osé vous révéler;"

146 Confidence

"Mais demain, cependant, vous saurez tout, et ce récit vous fera connaître en même temps ce qui cause ma tristesse."

Malgré les fatigues du voyage, Mme de Gernancé dormit à peine, tant elle éprouvait d'impatience de connaître ce mystère, auquel elle ne pouvait rien comprendre.

Levée de bonne heure le lendemain, elle fut la première à aller trouver Elinor, et toutes deux se rendirent aussitôt dans le parc pour y causer en liberté.

147 Confidence

Mme de Roselis marchait en silence auprès de son amie, assez embarrassée de la confidence qu'elle allait lui faire.

Enfin elle commença ainsi, en hésitant un peu:

"Il n'est plus temps, ma chère amie, de cacher à vos yeux un secret que je voulais toujours vous communiquer et dont je ne différais l'aveu que par la certitude où j'étais de n'être point approuvée par vous... Mais enfin, il faut bien vous l'avouer... cette enfant qui excitait hier votre curiosité..."

148 Confidence

"C'est ma fille... J'ai voulu être mère, sans pouvoir consentir à porter une seconde fois ce joug dont j'ai senti le poids affreux...

Mme de Gernancé ne put retenir un cri de surprise; mais, sans lui laisser le temps de parler, Elinor continua le récit du projet imprudent qu'elle avait formé dans la traversée et des moyens dont elle s'était servie pour l'exécuter.

Elle arrivait enfin à la naissance de sa fille, lorsque son amie l'interrompit vivement:

149 Confidence

"Que desseins," s'écria-t-elle; "que de prudence pour faire une folie! Combien vous vous êtes exposée! ... Compromettre ainsi votre réputation, votre existence dans le monde! Et pourquoi tant de sacrifices? Pour un bonheur imparfait qui se cache et n'ose paraître! Voilà donc où vous a conduite l'excès d'une prévention insensée. Séduite par votre imagination, vous avez embrassé avec ardeur une chimère qui vous fait préférer, aux vrais biens de la vie, la triste facilité de satisfaire un caprice! ..."

150 Confidence

"Ah! croyez-moi, rapprochez-vous au plus tôt du père de cette aimable enfant; ne la privez pas plus longtemps de son meilleur ami, de son protecteur naturel; ne vous privez pas vous-même des charmes d'un amour naturel, de la plus douce des intimités..."

"Eh! cela n'est plus en mon pouvoir," s'écria Mme de Roselis; "écoutez au moins comment je suis punie des fautes que vous me reprochez si sévèrement."

Alors elle lui rappela cet aide de camp dont on avait tant parlé chez Mme de B...

151 Confidence

Et qu'on y regrettait encore.

"Quoi! c'était lui!" s'écria Mme de Gernancé. "Qu'avez-vous fait, Elinor? et que je vous plains! Vous le voyez, cette imprudence a détruit la paix de votre coeur, le calme de vos beaux jours, et, par une juste punition, il n'est plus même en votre pouvoir de la réparer. Ainsi, femme sans être épouse, mère sans oser à peine en porter le titre, votre vie se passera à rougir du sentiment le plus naturel, le plus respectable, et vous si belle..."

152 Confidence

"Si brillante, comblée des dons de la nature et de la fortune, vous vous êtes privée du bonheur dont jouit la dernière des femmes, ce bonheur si doux d'avoir son mari et son enfant! Mais ce n'est pas tout encore. Je lis dans votre coeur: en vain votre orgueil voudrait le cacher aux autres et à vous-même... Ce coeur n'est plus à vous: il aime, il s'est donné..."

A ces mots, Mme de Roselis couvrit son visage de ses mains; des larmes s'échappèrent de ses yeux.

153 Confidence

"Chère Elinor," reprit avec bonté Mme de Gernancé en se rapprochant d'elle et la serrant dans ses bras. "Ah! je sens à vos pleurs que je suis trop votre amie pour être votre juge. Cessez de vous abandonner à des regrets qui ne sont peut-être pas sans remède; espérons que Léon vit encore, et que tout pourra se réparer."

A ce mot, les larmes d'Elinor s'arrêtèrent:

"Se réparer!" s'écria-t-elle avec fierté; "non, ma chère, je ne crois pas que je consentisse aussi facilement à ce que vous appelez une réparation."

154 Confidence

"J'ai fait une faute, il est vrai, mais ce n'est pas par
I have made an error it is true but this not is not by
 (is)

faiblesse que je l'ai faite, c'est par ma volonté, c'est
weakness that I him have made it is by my will it is

après les longues réflexions sur les maux que j'ai
after the long reflexions on the evils that I have

soufferts..."
suffered

"Je pleure sans doute sur le sort d'un homme
I cry without doubt on the fate of a man

intéressant, dont j'ai troublé et peut-être abrégé la vie;
interesting of which I have disturbed and can be cut short the life

je ne serai heureuse qu'en apprenant qu'il existe encore;
I not will be happy than in learning that he exists still

mais renoncer à mon indépendance, laisser croire par ce
but to renounce to my independence to let believe by this

retour que j'ai été faible ou que je suis inconséquente,
turn that I have been weak or that I am inconsistent

c'est à quoi je ne consentirai jamais."
it is at which I not will consent never
 (ever)

155 Confidence

Mme de Gernancé vit bien qu'il n'était pas encore temps de heurter de front les préventions et l'orgueil de son amie; mais depuis ce moment Léon devint le sujet habituel de leurs entretiens, et Elinor, en parlant sans cesse de lui, augmentait, sans s'en apercevoir, le penchant qui était déjà dans son coeur.

De son côté, Mme de Gernancé traçait le tableau séduisant du bonheur dont elle jouissait elle-même et l'assurait qu'il pouvait aussi être le sien.

156 Confidence

Elinor, tantôt attendrie, ébranlée, souriait aux conseils de son amie, et tantôt, revenant à ses chimères de liberté, s'indignait à l'idée de renoncer à ce système, auquel elle avait déjà tant sacrifié. Mais toujours les deux amies étaient d'accord sur les voeux qu'elles formaient pour le retour de Léon.

Elinor et Mme de Gernancé étaient un jour ensemble, s'entretenant de leur sujet favori, lorsqu'on vint leur annoncer que le domestique d'un voyageur qui passait au bout de l'avenue implorait avec instance des secours pour son maître;

157 Confidence

qui malade et souffrant, venait de perdre connaissance dans sa voiture.

Mme de Roselis donna aussitôt des ordres pour que tous les soins lui fussent prodigués, et, poussée par un sentiment de compassion, bien naturel à une femme, elle-même, suivie de son amie, se rendit à l'instant près du malade.

On l'avait déjà sorti de sa voiture; il était étendu sur le gazon, pâle, immobile, couvert de sang; son domestique, désespéré, criait en pleurant que la blessure venait de se rouvrir et que son maître était perdu.

Confidence

Mme de Roselis arrive dans ce moment; mais, à peine a-t-elle jeté les yeux sur ce corps inanimé, qu'elle pousse un cri et, cachant sa tête dans le sein de son amie:

"C'est lui!" dit-elle d'une voix étouffée; "c'est lui qui vient mourir à mes yeux!"

"Au nom du ciel," reprend tout bas Mme de Gernancé, "prenez courage; craignez de vous trahir."

159 Confidence

Ce	peu	de	mots	rappelle	Elinor	à	elle-même;	elle	sent
This	little	of	words	recalled	Elinor	to	her self	she	felt

tout	le	danger	de	sa	position	et,	rassemblant	ses	forces
all	the	danger	of	her	position	and	re-assembling (collecting)	her	forces

prêtes	à	l'abandonner,	elle	fait	transporter	au	château
ready	to	abandon her	she	made	transport	to the	castle

l'intéressant	blessé	encore	évanoui.
the interesting	wounded (wounded person)	(who was) still	unconscious

160 Le Malade

IX - Le Malade
IX / The / Sick Person (Patient)

En rouvrant les yeux, Léon se trouva placé sur un lit
In / re-opening (When) (he opened) / the / eyes / Léon / himself / found / placed / on / a / bed

auprès duquel un chirurgien, qui venait de bander sa
close / of the which / a / surgeon / who / came (had come) / of (to) / bind / his

blessure, lui prodiguait tous les soins nécessaires; son
wound / him / lavish with / all / the / cares / necessary / his

domestique, qu'il interrogea, voulut lui dire en peu de
servant / that he / interrogated / wanted / him / tell / in / few / of

mots ce qui était arrivé, mais le chirurgien l'interrompit
words / that / who (which) / was (had) / arrived / but / the / surgeon / him interrupted

en recommandant le silence et le repos. Mme de
in / recommending / the / silence / and / the / rest / Madam / de

Roselis, qui attendait impatiemment des nouvelles du
Roselis / who / awaited / impatiently / of the (the) / news / of the

malade, apprit avec inquiétude que la perte de sang
sick person / learned / with / worry / that / the / loss / of / blood

l'avait extrêmement affaibli et que, si la fièvre se
him had / extremely / weakened / and / that / if / the / fever / itself

déclarait, il était à craindre qu'il ne pût la supporter;
declared (announce) / it / was / to / fear / that he / not / could / it / support

Le Malade

Le	plus	grand	calme	était	ordonné;	il	fut	décidé	que
The	most [greatest	great]	rest	was	ordered	it	was	decided	that

les	dames	n'entreraient	pas	dans	la	chambre	et
the	ladies	not would enter	not ()	in	the	room	and

se	contenteraient	de	veiller	à	ce	que	rien	ne	lui
themselves would content		of (with)	to oversee (to make sure)	at	this	that	nothing	not	him

manquât.
lacked

Le	lendemain	Elinor,	ayant	sonné	avant	le	jour,	fut
The	following day	Elinor	having	rung (rung the servant)	before	the	day (day break)	was

frappée	de	terreur	en	apprenant	que	la	fièvre	avait
struck	of	terror	in	learning	that	the	fever	had

commencé	pendant	la	nuit;	bientôt	même	il	s'y	joignit
started	during	the	night	soon	even	it	itself there (there-to)	added

du	délire.	Ce	fut	alors	que,	étonnée	elle-même	de	son
of the (the)	delirium	It	was	then	that	surprised	her self	of	her

désespoir,	elle	sentit	à	quel	point	Léon	lui	était	cher,
despair	she	felt	to	what	point	Léon	her	was	dear

et	s'avoua	que	sans	lui	elle	ne	pourrait	plus	être
and	(she) herself vowed	that	without	him	she	not	could	(any)more	be

heureuse;
happy

163 Le Malade

Plus d'orgueil, plus de vaines préventions; une seule pensée, celle du danger où il se trouvait, remplissait son âme. Mme de Gernancé, craignant toujours que son agitation ne la trahît, eut beaucoup de peine à l'empêcher, pendant toute cette journée, d'entrer dans la chambre du malade; mais la nuit suivante, lorsque tout le monde fut retiré, au milieu de ce silence solennel qui rend la douleur plus vive, les craintes plus insupportables, Elinor, seule, sans sommeil, ne pouvant résister à son inquiétude, se lève, sort dans le corridor, et s'arrête à la porte de Léon pour écouter ce qui se passe:

164   Le Malade

Il	était	encore	dans	le	délire,	et	les	sons	entrecoupés
he	was	still	in	the	delirium	and	the	sounds	interrupted

de	sa	voix	oppressée	et	tremblante	arrivaient	par
of	his	voice	choked	and	trembling	arrived	by

intervalles	jusqu'à	elle.
intervals	up to	her

Et,	n'écoutant	que	son	désespoir,	elle	ouvre	doucement,
And	not listening to	that (but)	her	despair	she	opened	softly

elle	entre...
she	entered

La	garde	s'était	endormie.
The	caretaker	herself was (had)	fallen asleep

A	la	faible	clarté	de	la	lampe,	elle	reconnaît	cette
At	the	weak	clarity (light)	of	the	lamp	she	recognized	this

aimable	figure,	si	bien	gravée	dans	sa	mémoire;	mais
pleasant	appearance	so	well	engraved	in	her	memory	but

les	yeux	sont	fixes,	le	visage	enflammé;
the	eyes	are	fixed	the	face	enflamed

165 Le Malade

La respiration oppressée soulève péniblement un drap qui semble encore trop pesant. Elinor tombe dans un fauteauil près de la porte et cache dans ses deux mains son visage et ses larmes.

Le bruit léger qu'elle vient de faire réveille Léon d'un assoupissement momentané.

"Est-ce elle?" dit-il. "Viendra-t-elle? ... Je vais mourir... Que je la voie enfin! Dites-lui que je vais mourir..."

166   Le Malade

"Mais	où	la	trouver? ...	Je	l'ai	perdue...	perdue	à
But	where	her	find	I	her have	lost	lost	to (for)

jamais! ..."
never (ever)

Il	s'arrête	et	reprend	bientôt:
He	halted	and	started again	immediately

"Ma	fille...	qu'on	me	l'amène...	Quand	je	meurs,	peut-on	they
My	daughter	that they	me	her take	When	I	die	can	they

me	refuser	de	voir	ma	fille? ...	Pauvre	enfant!	Ne
me	refuse	of	to see	my	daughter	Poor	child	Not

cherche	pas	ton	père...	Tu	n'en	as	plus...	Il	n'a
search	not ()	your	father	You	not of him	have	more (anymore)	He	hasn't

pu	même	te	bénir	à	ses	derniers	moments..."
even been able		you	to bless	at	his	last	moments

A	ces	mots,	Elinor	ne	put	retenir	ses	sanglots.
At	these	words	Elinor	not	could	retain	her	tears

167 Le Malade

Léon tressaille, tourne un peu la tête, mais ses yeux,
toujours fixes, ne distinguent rien.

"Quel est," dit-il, "ce réduit mystérieux? Que vois-je sur ce sopha? ... C'est toi, toi que j'adore... toi que je cherchais... Tu me souffres à tes pieds... Tu restes dans mes bras... Mais ce masque! ... ôtez, ôtez ce masque... Quoi! tu veux fuir encore! ... Non, non, tu ne m'échapperas plus..."

En même temps, il se soulevait avec effort.

Le Malade

"Léon," s'écrie Elinor en courant impétueusement vers le lit, "Léon, arrêtez..."

Il la regarde d'un air surpris, incertain; puis, après un moment de silence:

"Que je suis accablé!" reprend-il d'un ton plus calme; "soulevez ma tête. Ah! si je pouvais dormir!"

Alors la garde, que le cri de Mme de Roselis avait réveillée, s'approche pour le soutenir;

169 Le Malade

Mais il se détourna et, laissant tomber sa tête sur le sein d'Elinor, un sommeil plus tranquille parut enfin s'emparer de ses sens.

Un moment après, Mme de Gernancé entra, inquiète de son amie. Elle s'était levée avant le jour; surprise de ne pas la trouver dans son appartement, elle courut à la chambre du malade et s'arrêta près de la porte, frappée du spectacle qui s'offrit à ses regards. Léon dormait, appuyé sur l'épaule d'Elinor qui, assise sur le bord du lit, immobile, la tête baissée sur celle de son amant, s'efforçait en vain de retenir les larmes qui s'échappaient de ses paupières.

170 Le Malade

Mme de Gernancé s'approcha du lit aussitôt. "Que faites-vous ici, Elinor?" dit-elle à voix basse; "quelle imprudence!"

"Laissez-moi," interrompit son amie; "rien ne pourra m'arracher de ce lit jusqu'à ce que cet infortuné soit mort ou sauvé... Qu'on sache que je l'aime, que je suis à lui; c'est la juste punition de ma faute... Ah! qu'il vive seulement! Qu'importe tout le reste! ..."

La crainte de réveiller le malade leur imposa silence à toutes deux et le sommeil de Léon continua d'être aussi calme que profond.

171 Le Malade

Il avait dormi plusieurs heures lorsque, entr'ouvrant ses paupières et les soulevant avec peine, son premier regard rencontra la tremblante Elinor qui cherchait doucement à le replacer sur l'oreiller. Il referme les yeux, les rouvre aussitôt:

"Où suis-je?" dit-il d'une voix faible.

Et se trouvant presque dans les bras d'une femme dont l'extérieur n'annonçait pas une simple garde, il fait un mouvement pour l'aider à se débarrasser de son fardeau;

Le Malade

Ses regards, où ne se peint plus l'égarement, mais qui
His looks where not itself paints more the confusion but who (which)

expriment la surprise et le doute, suivent Elinor jusque
show the surprise and the doubt follow Elinor until

derrière le rideau, où elle cherche à se cacher.
behind the curtain where she searches (tries) to herself hide

"Est-ce un rêve?" reprend-il avec peine. "Ces traits... je
Is this a dream retook (began to speak again) he with difficulty These traits I

les ai vus. Ah! madame, croirai-je..."
them have seen Ah madam will believe I (believe)

"Il me reconnaît!" s'écria-t-elle avec effroi et rougissant
He me recognizes exclaimed she with fear and blushing

à l'excès.
to the excess (extremely)

"Une fois, je crois, chez Mme de B..., mais une fois
One time I believe with Madam de B but one time

suffit pour s'en souvenir toujours."
is enough for oneself of it to remember always

173 Le Malade

Et ses grands yeux languissants se fixaient encore sur elle.

"Paix! paix! Ne parlez plus. Le plus strict silence vous est prescrit. Taisez-vous, ne pensez pas; espérez et dormez."

Bientôt le médecin arriva; il annonça que ce long sommeil avait produit les plus heureux effets, que la fièvre était tombée, et que, si l'accès ne revenait pas la nuit suivante, on pouvait regarder le malade comme sauvé.

174 Le Malade

Pendant qu'il parlait, Elinor, respirant à peine, recevait
During that he spoke Elinor breathing at pain [hardly] received

dans son coeur ces paroles consolantes; sa joie, qu'elle
in her heart these words consoling her joy that she

ne pouvait contenir, ramenait sur ses joues humides et
not could contain reapplied on her cheeks moist and

pâles un aimable coloris.
pale a pleasant coloring

Lorsque le soir fut venu, rien ne put l'empêcher de
When the evening was come nothing not could refrain her from
(had)

s'établir dans un coin de la chambre de Léon, pour
set herself up in a corner of the room of Léon for

attendre le retour de cet accès tant redouté; il ne vint
to await the return of this attack so much dreaded it not came
(bout of fever) ()

pas, la nuit fut bonne, et le lendemain le médecin
not the night was good and the following day the docter

déclara qu'il n'y avait plus de danger; mais il crut
declared that it not there had more of danger but he believed
(was)

devoir prévenir Mme de Roselis que la convalescence
to must warn Madam de Roselis that the healing

serait longue;
would be long

175 Le Malade

Qu'il y aurait du danger à transporter le malade avant
That it there would have of the danger to move the sick person before
(that) (would be) ()

que la blessure fût bien fermée.
that the wound was well closed

Elinor, s'efforçant de ne montrer qu'une froide compassion,
Elinor forcing herself of not to show than a cold compassion

palpitait de joie à l'idée de tout ce temps où, dans
shook of joy at the idea of all this time where in

une douce intimité elle ne s'occuperait que de Léon et
a sweet intimateness she not would worry than of Léon and
(only)

le rendrait enfin au bonheur après l'avoir rendu à la vie.
him would give over finally to the happiness after him to have rendered to the life
(given over)

Bientôt il put témoigner sa reconnaissance à l'aimable
Soon he could witness his reconnaissance to the amiable

châtelaine qu'il croyait n'avoir vue qu'une fois;
lady of the castle that he believed not to have seen than one time
(host) (except for one)

Le Malade

mais dont la beauté, l'indulgence, la sensibilité s'étaient
but of which the beauty the indulgence the sensitivity themselves were (had)

gravées dans sa mémoire.
engraved in his memory

Les deux amies quittaient peu sa chambre; on l'amusait,
The two friends left a bit (hardly) his room they him amused

on lui faisait quelque lecture, un peu de musique à
they him made some lecture (reading) a bit of music to

petit bruit; c'était Bayard soigné par les deux soeurs;
small (soft) noise (sound) it was Bayard (famous French knight) healed by the two sisters

c'était bien mieux encore. Elinor, attentive, devinait,
it was well better still (even) Elinor attentive guessed

prévenait ses désirs, savait toujours trouver la position la
prevented (fulfilled before being required) his desires knew always to find the position the

plus commode, et l'entourait de ces mille petits soins
most easy and him surrounded of these thousand small cares

dont on sent le bien-être sans les remarquer.
of which one (they) feel the well be (being) without them to notice

177 Le Malade

Ce fut alors que Léon leur apprit que, blessé grièvement en Espagne dans une affaire meurtrière, et resté sur le champ de bataille, une femme, touchée de sa jeunesse et de sa position, l'avait soustrait à une mort certaine en le recueillant chez elle, et lui avait prodigué les plus tendres soins.

Il commençait à se remettre lorsque l'arrivée d'une troupe de guérillas le força de quitter précipitamment sa bienfaitrice, pour ne pas tomber dans leurs mains.

Le Malade

Arrivé à Bayonne à travers mille dangers, son impatience ne lui permettant pas d'y attendre une entière guérison, la fatigue de la route avait enfin causé l'accident auquel il devait une si généreuse hospitalité.

Tel fut son récit, et Elinor comprit alors la longue incertitude qui avait régné sur son sort.

179 Le Malade

180 La Passion

X - La Passion

Cependant la pauvre petite Léonie avait seule à se plaindre de l'arrivée de ce nouvel hôte; on l'éloignait avec soin de la chambre où sa gaieté eût été trop bruyante.

Elinor éprouvait une sorte de honte à la montrer à Léon, comme s'il eût pu deviner combien elle devait l'intéresser; mais, habituée à ne pas quitter sa mère, elle la cherchait sans cesse.

La Passion

Trouvant un jour la porte du malade entr'ouverte, elle la
Finding one day the door of the sick person half open she it
(patient)

poussa doucement, passa sa jolie tête dans la chambre:
pushed softly passed her pretty head in the room

son regard craintif et curieux à la fois se porte sur
her look apprehensive and curious at the (same) time itself carried on
(set)

cet étranger qu'elle ne connaît point encore. Léon
this stranger that she not knew at all still Léon

l'aperçut le premier; il fit un cri de surprise.
her saw the first he did a cry of surprise
(uttered)

"Quelle est," s'écria-t-il, "cette charmante enfant? ..."
What is exclaimed he this charming child

Elle avait déjà fui, mais sa mère, le coeur palpitant, la
She had already fled but her mother the heart beating hard the

rougeur sur le front, la rappela, la prit dans ses bras
blush on the face her called back her took in her arms

et vint la déposer sur les genoux de Léon.
and came her deposit on the knees of Léon

183 La Passion

Agité	de	ses	souvenirs,	de	mouvements	inconnus,	il	la
Agitated	of	his	memories	of	movements	unknown	he	her

regardait	avec	amour,	lui	prodiguait	mille	caresses,
watched	with	love	her	lavished with	(a) thousand	caresses

demandait	d'un	ton	ému	quel	était	son	âge.
demanded	of a	tone	moved	what	was	her	age

Elinor,	embarrassée,	se	croyant	déjà	devinée,	lui	donne
Elinor	embarrassed	herself	believing	already	divined	him	gives

un	an	de	plus.
a	year	of ()	more (extra)

"Je	l'aurais	crue	plus	jeune,"	dit	Léon	en	soupirant;	et
I	her would have	believed	more	young	says	Léon	in ()	sighing	and

il	se	mit	à	rêver.
he	himself	put (started)	to	dream

L'enfant,	oubliant	ses	craintes,	ne	voulait	plus	quitter	les
The child	forgetting	her	fears	not	wanted	(any)more	to leave	the

genoux	de	son	nouvel	ami;	lui-même	ne	pouvait	se
knees	of	her	new	friend	he self	not	could	himself

résoudre	à	l'éloigner.
resolve	to	push her away

La Passion

"Il faut pourtant que je vous sépare," dit en souriant Elinor; "car l'émotion où je vous vois me fait regretter de l'avoir amenée."

"Ah! madame, si vous saviez tout ce qu'elle me rappelle! ..."

"Mais en vous supposant le héros d'une anecdote intéressante que je n'ai point oubliée, je pourrai aisément deviner..."

"Eh bien, oui, madame, c'est moi qui, trahi, repoussé par celle qui semblait m'avoir choisi;"

185 La Passion

"Fidèle, malgré moi, à son souvenir, regrette une ombre,
poursuis une vaine chimère, moi qui n'ai pu mourir et
qui ne peux plus vivre heureux."

Elinor retenait à peine ses larmes.

"Ainsi donc," dit-elle timidement, "vous l'aimez toujours? ..."

"Je ne sais si je l'aime, si je suis assez faible pour
l'aimer encore; mais ses doux entretiens, les moments
que j'ai passés près d'elle, ses grâces et jusqu'à ses
caprices..."

La Passion

"tout est resté gravé dans ma mémoire; elle a flétri mon âme, désenchanté ma vie..."

"Ah!" s'écria Elinor, du ton le plus attendri, "tant de constance mérite bien d'être récompensé... Croyez qu'un jour enfin, touchée, soumise à son tour, elle viendra réparer ses torts et mériter son pardon..."

"Jamais... Depuis trois ans cette femme orgueilleuse, insensible, n'a pas daigné m'adresser un mot de souvenir. Elle est sans doute retournée dans sa patrie, aux Indes, en Amérique, que sais-je?"

187 La Passion

"Elle triomphe à présent et rit de ma crédulité... Ah! je veux l'oublier. Depuis quelque temps je sens que cela me sera possible et peut-être," ajouta-t-il d'un ton plus ému, "n'y parviendrai-je que trop tôt."

"Vous l'oublierez, Léon! ..."

Ces paroles furent dites d'un ton de reproche si tendre que Léon la regarda; il vit ses yeux humides.

"Ah! madame," reprit-il après un moment de silence,

La Passion

"que cet intérêt m'est précieux! Que n'avait-elle votre âme, votre touchante sensibilité! ... je serais heureux maintenant... Ma fille, peut-être jolie comme celle-ci, serait, comme elle, sur mes genoux..."

Et, relevant sur Elinor ses yeux encore pleins de langueur:"... Sa mère... près de moi... attendrie aussi..."

"Ces souvenirs, ces émotions ne valent rien du tout," dit Elinor, tremblante, en reprenant sa fille;

189 La Passion

"décidément, je vous sépare."

"Pardon, madame, j'ai rêvé un moment, et pourquoi me réveiller si vite? ..."

Sans oser l'écouter davantage, Elinor s'enfuit avec sa fille et fut tout raconter à Mme de Gernancé.

Depuis ce moment, la petite Léonie fut aussi assidue que sa mère auprès du convalescent; il la demandait sans cesse. Il s'y attachait avec passion.

La Passion

De son côté, l'enfant l'appelait son ami, lui faisait mille caresses, voulait toujours être entre lui et sa mère; son affection naïve pour tous deux faisait naître sans cesse des scènes embarrassantes, mais délicieuses pour Elinor et dont Léon sortait toujours plus triste et plus rêveur.

Cependant sa santé se rétablissait à vue d'oeil; la blessure allait bien; le temps, si rapide dans les moments heureux d'une naissante intimité, ramenait déjà l'hiver avec le mois de décembre.

191 La Passion

Mme de Gernancé, qui depuis longtemps parlait de son départ, déclara enfin qu'elle ne pouvait plus le différer; et tout à coup Léon, d'une voix altérée par l'effort visible qu'il se faisait, lui demanda la permission de l'accompagner.

Etonnée de cette décision si subite, Mme de Roselis voulut la combattre.

"Ah! madame," s'écria-t-il vivement, "laissez-moi partir; je n'ai déjà goûté que trop longtemps ce bonheur dangereux qui n'est pas fait pour moi;"

192 La Passion

"laissez-moi fuir votre présence, celle de cette enfant, et
 let   me   flee your   presence   the one of this   child   and

vos soins enchanteurs, et ces journées si rapides;
your cares enchanting and these days so quick

laissez-moi me replonger dans la solitude qui doit être
let me me plunge back in the solitude who must be
                                        (that)

à jamais mon partage."
to never my part
(for) (ever)   (fate)

"Mais il faudrait au moins savoir du docteur si vous
But it would be necessary at the least to know of the doctor if you

pouvez sans danger..."
can without danger

"Il est des dangers dont le docteur et tout son art ne
It is of the dangers of which the doctor and all his art not

pourraient me garantir... Mon sort est de fuir tout ce
would be able me guarantee My fate is of to flee all this
              (protect)

qui est aimable, tout ce qui peut attacher et plaire..."
who is pleasant all this who can attach and be pleasant
(that)   (that)

193 La Passion

"Je ne saurais trop tôt m'éloigner de ces lieux..."

"Eh bien, ma chère," dit Elinor en se tournant vers son amie, "il faut donc vous confier mon chevalier blessé; mais vous m'en répondez, au moins."

Léon, peut-être un peu surpris de ce qu'on le laissât aller si facilement sortit pour donner les ordres relatifs à son départ. Elinor le suivait des yeux en souriant.

"M'expliquerez-vous," dit Mme de Gernancé qui l'observait avec dépit;

La Passion

"m'expliquerez-vous cette nouvelle comédie? Il est clair qu'il craint de vous aimer, qu'il vous fuit. Qu'attendez-vous donc pour vous faire connaître, pour terminer enfin une trop longue folie? Vous plaisez-vous encore à cette nouvelle manière de le tourmenter?"

"Ah! ma chère, qu'il est charmant d'être ainsi rivale de soi-même, de lui plaire deux fois sous des formes si différentes! il m'est fidèle jusque dans son inconstance; toujours délicat, plein d'honneur;"

195 La Passion

"Il me fuit pour ne pas me trahir; il m'a aimée; il n'aime que moi seule; que je suis heureuse!"

"Et Léon, le pauvre Léon! quand voulez-vous enfin vous occuper de son bonheur? Déclarez-vous, Elinor, et partons ensemble pour Paris où vous formerez une union qui n'a plus rien, je crois, de redoutable pour vous."

"Non, mon plan est fait: partez avec lui, je ne tarderai pas à vous suivre."

La Passion

"Elinor, Elinor, encore du roman, de l'imagination! ..."

"Mon amie, encore cette seule fois! Ce sera la dernière, je vous le jure."

Léon rentra dans ce moment; il était ému, agité: tout s'apprêtait pour son départ.

Mme de Gernancé, mécontente de son amie, mais forcée de lui céder, fut elle-même ordonner le sien; mais, au moment de se séparer, le courage manqua à tout le monde.

197 La Passion

Elinor, en pleurs, recommandait son malade à Mme de Gernancé, qui lui promit de le loger chez elle et de lui continuer ses soins. Léon, pâle, sérieux, restait debout près de la voiture, répétant les expressions de sa reconnaissance, du ton que l'on donne à une passion plus vive; il quittait, reprenait l'enfant qui jetait des cris en voyant partir son ami.

Mme de Gernancé s'approche d'Elinor.

"Il est encore temps," lui dit-elle à voix basse.

La Passion

Un moment indécise, Mme de Roselis répond enfin:
One moment indecisive, Madam de Roselis answers finally

"Non, je n'ai qu un moyen de faire cet aveu difficile."
No I not have (more) than one means of to make this avowal difficult

Alors, entraînant Léon, Mme de Gernancé se place avec
Then while taking along Léon Madam de Gernancé herself places with

lui dans la voiture, qui part à l'instant et disparaît.
him in the carriage who (which) parts at the instant and disappears

199 La Passion

200 Nouvelle Rencontre

XI - Nouvelle Rencontre
XI — New Meeting

Rentrée dans sa solitude, Elinor sentit qu'elle lui était
Returned in her loneliness Elinor felt that she her was
(that it) (had)

devenue insupportable; le bonheur dont elle venait de
become unbearable the happiness of which she came of

faire l'essai pouvait seul désormais satisfaire son coeur.
to make the test could only however satisfy her heart

Aussi n'eut-elle plus d'autre pensée que celle de
Also not had she more of other thought than that of
(had) (any) (other)

rejoindre au plus tôt son amie et celui qu'elle regardait
to join again at the most soon her friend and the one that she regarded
[soonest]

déjà comme son époux.
already as her husband

Huit jours après leur départ, elle descendit secrètement à
Eight days after their depart she went down secretly to

son hôtel avec sa fille.
her hotel with her daughter

Nouvelle Rencontre

Mme de Gernancé fut seule instruite de son arrivée. Après un long entretien dans lequel elle développa la manière toujours un peu romanesque dont elle méditait de se faire connaître à Léon, elle obtint enfin de son amie de l'aider dans ce projet qui l'enchantait, et toutes deux se séparèrent après être bien convenues de ce qu'elles devaient faire.

Les bals de l'Opéra venaient de recommencer, et Mme de Gernancé pria un soir Léon de l'y accompagner;

203 Nouvelle Rencontre

Il refusa d'abord avec une vivacité à laquelle elle ne s'était pas attendue; ce lieu où il avait eu la faiblesse de s'engager dans une aventure qui devait influer sur le reste de sa vie lui était devenu odieux; il s'était promis de n'y rentrer jamais.

Mme de Gernancé insista; elle lui demandait son bras seulement jusqu'à ce qu'elle eût trouvé un étranger qui devait s'y rendre, et qu'elle se promettait d'intriguer. Léon, ne pouvant rien refuser à l'amie de Mme de Roselis, consentit enfin, quoique avec répugnance; ils partirent.

204 Nouvelle Rencontre

En entrant dans la salle, il sentit une vive émotion:
In entering in the (ball)room he felt a lively emotion
                                               (strong)

mille souvenirs assiégeaient son esprit.
thousand memories besieged his mind

Mme de Gernancé fit quelques tours avec lui, puis, tout
Mrs de Gernancé made some rounds with him then all

à coup, feignant d'apercevoir ce qu'elle cherchait, elle lui
at strike pretending of to see this that she searched she him
   (once)   (to see)

rendit sa liberté en lui disant adieu.
gave his freedom in him saying farewell

A peine elle quittait son bras, qu'une voix, qui, malgré
At barely she left his arm that a voice who in spite of
() (Barely)

l'accent du bal, le fit tressaillir, prononça tout près de
the accent of the ball him made shudder pronounced all near of
(the noise)

lui:
him

205 Nouvelle Rencontre

"Ah! je vous y prends, infidèle; ce n'est plus moi que vous cherchez au bal de l'Opéra? ..."

Il se retourne et trouve à ses côtés... qui? son inconnue elle-même. Le domino blanc, le masque, jusqu'à l'agrafe de diamants qui retenait sa ceinture et qu'il avait remarquée autrefois, tout est pareil.

"C'est elle," s'écria-t-il en saississant avec vivacité son bras qu'il passa dans le sien.

Nouvelle Rencontre

"Quoi! je vous retrouve? ... je vous vois, je vous tiens!

Par quel prodige inconcevable?"

"Faut-il tant s'étonner? Tu connais mon talent pour les prodiges."

"En effet, c'est tout ce que j'ai jamais connu de vous."

"Ce n'est rien encore que le passé; tu vas voir bien autre chose: te voilà retombé dans mon pouvoir, tu dois t'attendre aux effets les plus extraordinaires. Ton sort est décidé, tes destinées vont s'accomplir..."

207 Nouvelle Rencontre

A mesure qu'elle parlait, le dépit remplaçait dans le coeur de Léon le premier mouvement de joie que sa présence avait fait naître.

Ce ton léger, impérieux, lorsqu'elle avait à réparer un oubli de trois ans et tant d'autres torts, le blessait vivement; toutes les pensées peu favorables pour elle qu'il avait nourries pendant ce temps renaissaient en foule dans son esprit.

Il s'arrêta.

Nouvelle Rencontre

"Eh bien, madame," dit-il froidement; "que voulez-vous de moi? Quelle nouvelle scène préparez-vous? Quels nouveaux moyens de me décevoir encore?"

"Combien un homme peut changer en trois ans! Est-ce là ce Léon, tendre, doux, empressé, qui à cette même place jurait avec ardeur constance et soumission entière? ..."

"Ah! si je suis changé, qui devez-vous en accuser, cruelle?"

209 Nouvelle Rencontre

"N'est-ce pas vous qui repoussiez la constance, vous qui, employant pour me séduire les charmes les plus puissants sur le coeur d'un homme, m'avez trompé, repoussé sans remords et sans pitié? Vous enfin qui, contente de m'avoir fait connaître tous les biens que vous me dérobiez, me livrez depuis trois ans aux regrets et à l'oubli?"

"Léon, vous êtes trop sévère. Me voilà près de vous; je viens réparer mes torts, vous rendre ces biens que vous regrettez."

"Eh! quelle foi puis-je prendre à vos paroles?"

Nouvelle Rencontre

"Peut-être, dans un moment, allez-vous disparaître à mes yeux, sans laisser d'autres traces que le mal que vous me faites; peut-être préparez-vous encore quelque ruse..."

Elle l'interrompit et, d'un ton attendri:

"Non, plus de ruses, plus de secrets... Ah! Léon, j'ai souffert aussi... Mais oublions les folies, les tourments qui ne sont plus. Connaissez, recevez enfin votre épouse..."

"Vous n'avez pas voulu l'être..."

211 Nouvelle Rencontre

"Il est vrai, je fus coupable; mais je viens rendre à votre amour..."

"Vous avez dédaigné cet amour pur, durable, que mon cœur pouvait vous offrir. Par quel nouveau caprice venez-vous le réclamer? Êtes-vous sûre de l'y trouver encore? Devais-je nourrir une passion insensée pour un être invisible qui m'abandonnait? Qui vous dit que je sois toujours le même, qu'à mon tour je ne repousserai pas ce lien qui vous était odieux, que je ne chérisse point aussi mon indépendance? Elle ne me coûterait pas si cher qu'à vous..."

Nouvelle Rencontre

Ces terribles paroles frappèrent Elinor jusqu'au fond du coeur.

La gaieté, les tendres espérances qu'elle avait apportées au bal s'évanouissaient.

Humiliée, pénétrée de la justice sévère de ces reproches inattendus, le courage et les forces l'abandonnèrent.

Léon sentit qu'elle pouvait à peine se soutenir, et, la conduisant vers une banquette écartée, s'y plaça près d'elle. Des larmes vinrent heureusement soulager l'oppression qu'elle éprouvait.

213 Nouvelle Rencontre

"Ah! pardon," répétait Léon, touché de cette douleur si vraie; "pardon, vous que je ne puis comprendre. Que je m'en veux de cette dureté déplacée! Mais, après tant de marques d'indifférence, devais-je m'attendre à vous trouver sensible?"

En même temps, il la pressait d'ôter son masque, de lui permettre de la reconduire; un instant elle fut tentée de céder et de lui montrer ses traits qui le désarmeraient aussitôt; mais la crainte d'une scène qui pouvait attirer tous les regards sur eux, le désir de faire une nouvelle épreuve la retinrent encore.

Nouvelle Rencontre

Elle ramena son camail sur ses yeux et, déguisant plus que jamais sa voix:

"Non," dit-elle avec tristesse; "me reconduire? l'heure est peu convenable, et vous m'avez appris la prudence... Ôter mon masque? pourquoi vous faire connaître celle que vous ne pouvez plus aimer? Je vois quelle est la cause de votre froideur, je sais où s'est passée votre convalescence, et quelles mains vous ont soigné."

215 Nouvelle Rencontre

"Eh bien, madame," reprit Léon d'un ton sérieux, "vous savez que ma reconnaissance ne saurait être trop tendre, mon admiration trop vive. Oui, je ne m'en défends pas. Pendant trois mois de la plus heureuse intimité, objet des soins d'une femme dont la beauté est le moindre avantage, d'une femme sensible, raisonnable, qui joint la modeste dignité de son sexe à cette touchante bonté qui l'embellit si bien, comment n'aurais-je pas apprécié tant de qualités aimables? Comment n'en conserverais-je pas à jamais le souvenir?"

Elinor, comblée de joie en l'écoutant, sentit qu'en restant

un moment de plus elle se trahirait malgré ses efforts.

Se leva donc aussitôt:

"Soyez heureux," lui dit-elle; "votre bonheur sera le mien... Je ne vous parle plus de moi... Je n'exige plus rien, vous êtes libre... Mais peut-être souhaiterez-vous au moins de voir votre fille?"

"Si je le souhaite! Ah! vous n'en doutez pas."

217 Nouvelle Rencontre

"Eh bien, venez demain matin déjeuner chez moi, vous la verrez."

Alors elle lui indiqua sa demeure, mais sans donner son nom. "Mes gens seront prévenus," ajouta-t-elle; "ils vous feront entrer."

Elle partit, profondément affectée de ce qui venait de se passer.

"Où en serais-je?" répétait-elle avec effroi; "où en serais-je si le hasard ne m'avait pas offert l'occasion d'obtenir sous une autre forme son estime et son amour?"

218 Bonheur

XII - Bonheur

Léon, de son côté, passa la nuit dans une extrême agitation.

Il avait donc enfin retrouvé l'objet de tant de soins, de si longs regrets! Il allait le connaître. Il verrait sa fille... sa fille dont si souvent il voulut se former l'image! Sans doute on ne lui refuserait plus d'être époux, d'être père! Ces titres si chers, si désirés, il pourrait les obtenir!...

220 Bonheur

Et	pourtant	le	souvenir	de	cette	Mme	de	Roselis	venait
And	however	the	memory	of	this	Madam	de	Roselis	came

se	placer	au	milieu	de	ce	tableau,	et	la	comparaison
itself	place	at the (in the)	middle	of	this	scene	and	the	comparison

n'était	pas	en	faveur	de	l'inconnue.	Quelle	femme	à	ses
not was	not ()	in	favor	of	the unknown woman	What	woman	to	his

yeux	pouvait	égaler	Elinor?
eyes	could	equal	Elinor

Exact	au	rendez-vous	du	lendemain,	il	s'y	rendit
Exactly	at the	meeting	of the	following day	he	himself there gave over (turned up)	

à	l'heure	indiquée,	et	la	première	personne	qui	frappa
at the time		indicated	and	the	first	person	who	struck (came into)

ses	regards	fut	ce	servant	qui	lui	rappelait	tant	de
his	looks (view)	was	this	servant	who	him	recalled	so many	of ()

souvenirs.
memories

Celui-ci	le	conduisit	par	de	riches	appartements	jusqu'à
That one this	him	led	by	of ()	rich	appartements	up to

une	porte	qu'il	ouvrit	en	annonçant	M.	de	Préval.
a	door	that he	opened	in	announcing	Mr	de	Préval

221 Bonheur

Léon s'avance et se trouve dans un boudoir qui lui rappelle à l'instant celui que trois années n'avaient pu effacer de sa mémoire; sur un sopha, une femme dans la même attitude, vêtue de même, complétait l'illusion. Un enfant était sur ses genoux.

A l'approche de Léon, elle se retourne.

"Que vois-je?" s'écrie-t-il. "Elinor! Tant de bonheur serait-il possible! ... Ah! si c'est un jeu cruel, faites-le cesser, ou je meurs à vos yeux."

222 Bonheur

Dans ce moment, la petite Léonie courut se jeter dans ses bras et, lui montrant l'autre moitié de bague suspendue à son cou:

"Mon ami Léon," lui dit-elle avec une grâce enfantine, "veux-tu me raccommoder ma bague?"

Il y jette les yeux, fait un cri et, saisi de surprise, de bonheur, il est obligé de s'asseoir en répétant d'une voix faible:

223 Bonheur

"Elinor... Ma fille..."
   Elinor   My   daughter

Elinor est déjà près de lui; il passe un bras autour
Elinor is already near of him he passes an arm around
                                  ()

d'elle, l'autre soutient leur enfant sur ses genoux; ils
of her the other supporting their child on his knees they
(her)

se regardent, leurs larmes s'échappent en même temps,
look at eachother their tears escape in (the) same time
                                        (at)

se confondent; ils ne trouvent pas d'expressions pour tout
mix themselves they not find not of expressions for all
                  (don't) (any) (expressions)

ce qu'ils éprouvent.
this that they feel

Enfin, Elinor, appuyant doucement sa tête sur l'épaule de
Finally Elinor resting softly her head on the shoulder of

son amant, reprend avec tendresse:
her lover retakes with tenderness
            (continues)

224 Bonheur

"Oui, voilà ta fille; et ton inconnue, ta maîtresse, ton amie, ta garde attentive, qui sous tant de formes différentes s'occupa toujours de toi, ne veut plus être désormais que sa mère et ton heureuse épouse... Pardonne, Léon, pardonne les épreuves que je t'ai fait subir; pardonne une coupable imprudence dont j'ai souffert aussi; elle fut la première, elle sera la dernière; l'inconnue altière, étourdie, reçut hier au bal une leçon salutaire, que n'oubliera jamais ta compagne."

"Ah! pardonne à ton tour," s'écria Léon.

225 Bonheur

"Mon amie, mon enfant, objets chéris de tant d'inquiétudes et de regrets, comme mon coeur va réparer ces trois années dérobées à ma tendresse!"

Mme de Gernancé arriva dans ce moment, et sa vive amitié partagea tous les transports de l'heureux couple. Mais, toujours sage et réfléchie:

"Convenez, Elinor," dit-elle à son amie, "que, sans vous écarter de la route tracée par les devoirs et les lois de la société, vous seriez arrivée à cet heureux but en vous épargnant à tous deux trois ans de chagrins."

226 Bonheur

"N'en parlons plus," reprit Mme de Roselis en l'embrassant; "mes amis, n'en parlons jamais. J'en suis bien convaincue maintenant: ce n'est qu'aux dépens de son bonheur qu'une femme peut essayer de se soustraire aux entraves sévères qui furent imposées à son sexe."

227　Bonheur

The book you're now reading contains the paper or digital paper version of the powerful e-book application from Bermuda Word. Our software integrated e-books allow you to become fluent in French reading, fast and easy! Go to learn-to-read-foreign-languages.com, and get the App version of this e-book!

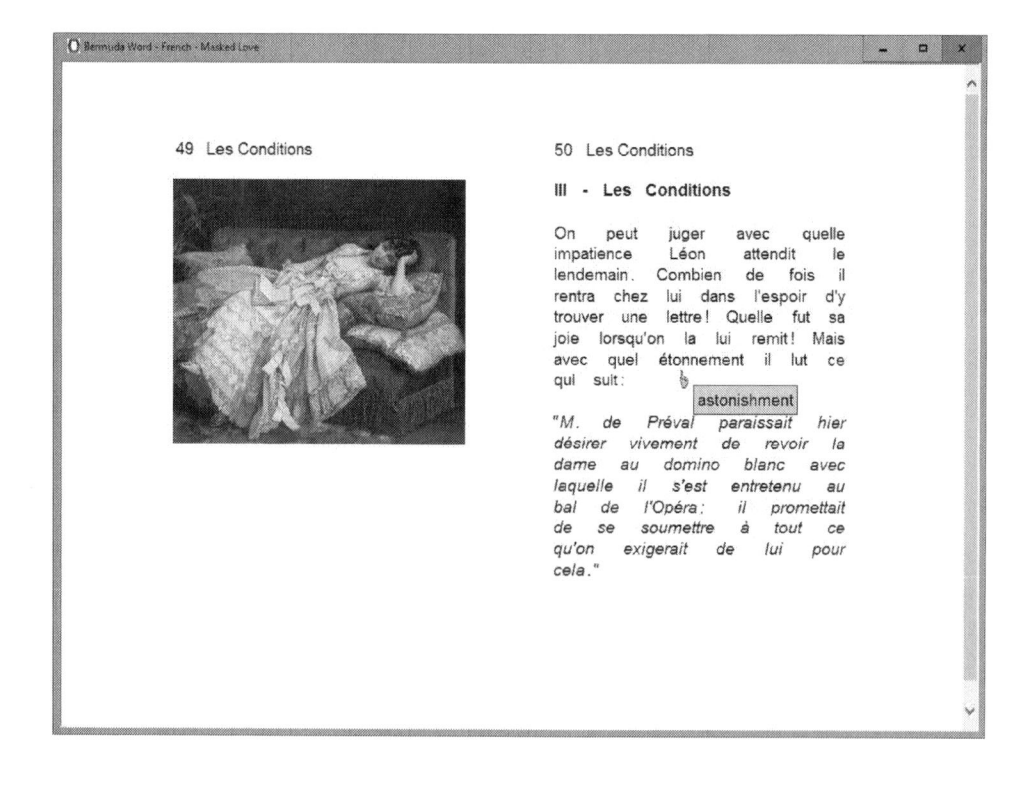

49 Les Conditions

50 Les Conditions

III - Les Conditions

On peut juger avec quelle impatience Léon attendit le lendemain. Combien de fois il rentra chez lui dans l'espoir d'y trouver une lettre! Quelle fut sa joie lorsqu'on la lui remit! Mais avec quel étonnement il lut ce qui suit:

astonishment

"M. de Préval paraissait hier désirer vivement de revoir la dame au domino blanc avec laquelle il s'est entretenu au bal de l'Opéra; il promettait de se soumettre à tout ce qu'on exigerait de lui pour cela."

The standalone e-reader software contains the e-book text, and integrates **spaced repetition word practice** for **optimal language learning**. Choose your font type or size and read as you would with a regular e-reader. Stay immersed with **interlinear** or **immediate mouse-over pop-up translation** and click on difficult words to **add them to your wordlist**. The software knows which words are low frequency and need more practice.

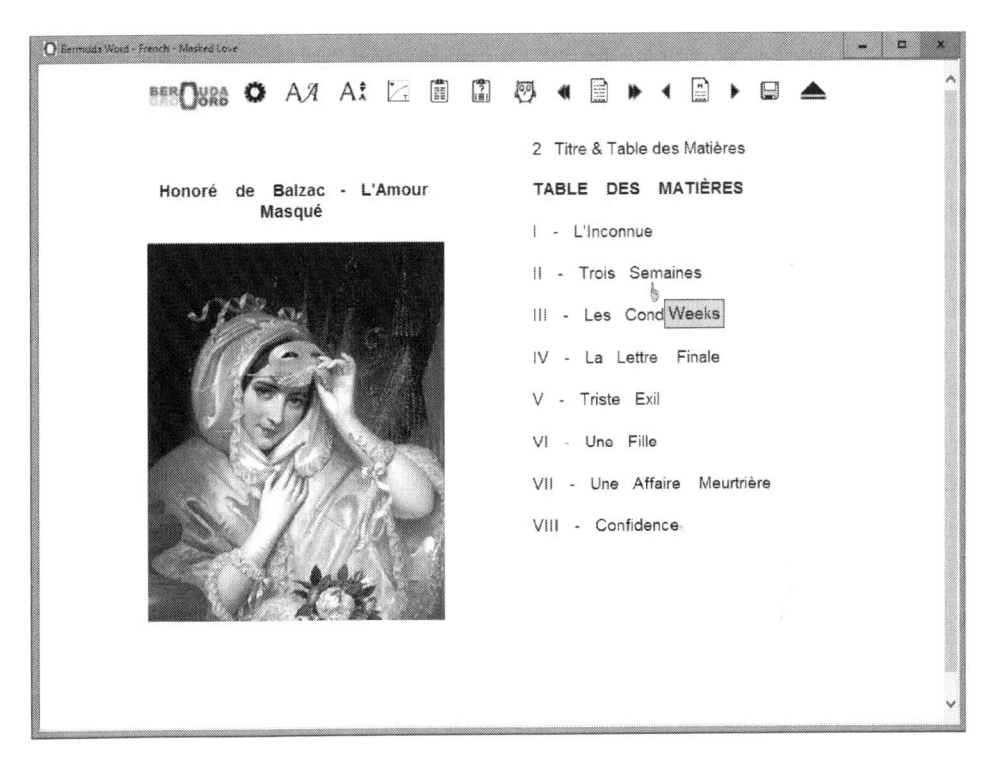

With the Bermuda Word e-book program you **memorize all words** fast and easy just by reading and efficient practice!

LEARN-TO-READ-FOREIGN-LANGUAGES.COM

Copyright © 2006-2016 Bermuda Word

Made in the USA
Las Vegas, NV
10 January 2021